JIA YOU QINGCHUNQI HAIZI

家有青春期孩子

[美]苏珊·亚历山大·叶慈◎著 王 颖◎译

时代出版传媒股份有限公司
安徽少年儿童出版社

著作权登记号:皖登字12121095

图书在版编目(CIP)数据

家有青春期孩子 / [美]苏珊·亚历山大·叶慈著;王颖译. — 合肥:安徽少年儿童出版社,2015.3
ISBN 978-7-5397-7775-7

Ⅰ.①家… Ⅱ.①苏… ②王… Ⅲ.①青春期-家庭教育 Ⅳ.①G78

中国版本图书馆 CIP 数据核字(2015)第 010218 号

JIA YOU QINGCHUNQI HAIZI
家有青春期孩子　　[美]苏珊·亚历山大·叶慈 著
王颖 译

出 版 人:张克文　　责任编辑:王卫东　胡　潇　古宏霞
责任校对:邬晓燕　　责任印制:田　航
出版发行:时代出版传媒股份有限公司　http://www.press-mart.com
安徽少年儿童出版社　E-mail:ahse1984@163.com
新浪官方微博:http://weibo.com/ahsecbs
腾讯官方微博:http://t.qq.com/anhuishaonianer (QQ:2202426653)
(安徽省合肥市翡翠路 1118 号出版传媒广场　邮政编码:230071)
市场营销部电话:(0551)63533532(办公室)　63533524(传真)
(如发现印装质量问题,影响阅读,请与本社市场营销部联系调换)

印　　制:安徽国文彩印有限公司
开　　本:889mm × 1194mm　1/32　印张:6.75
印　　数:1 ~ 9000
版　　次:2015 年 3 月第 1 版　2015 年 3 月第 1 次印刷

ISBN 978-7-5397-7775-7　定价:18.00 元

自序 在窗边

我站在窗边，等待着那个熟悉的金发身影映入眼帘。对于即将发生的一切,我已经做好了准备。如果她耷拉着脑袋、垂头丧气,那可就麻烦了;但如果她步伐轻快、背包在身后摇晃,就意味着我能看到一张笑脸。

她今天会是怎样的状态呢？我陷入了沉思。会不会因为受邀与“万人迷女生”共进午餐而情绪异常兴奋,还是会因为某个男生在走廊里没搭理她而情绪烦躁低落?

我无从知晓。我的姑娘今年14岁。

正想着,她就到家了。

“嘿,宝贝。”我打开家门,迎接她,“今天过得怎么样?”

“还行。”她把背包往地上一扔,语气中显然带有一丝愠怒。

她径直走向厨房,不小心撞上了她弟弟。

于是,她开始咆哮:“你走路怎么不看着点儿？”

她迅速地瞟了一眼冰箱里的东西,又转而斥责我:“我们家为什么从来都没有好东西可以吃？”

还未等我回答，她就跺着脚冲到自己的房间里去了，还“砰”的一声关上了房门，仿佛在说：你看，全是你的错！

我愣在那儿，无言以对。我儿子看看我，一脸困惑地问道：“妈，她哪根筋搭错了？”

我叹了口气：“都是青春期惹的祸。”

数年前，我也是这样站在窗边，等我丈夫回来拯救我。那时候，我以耳朵发炎为由，不理会 15 个月大的双胞胎的哭闹，也不管 4 岁和 6 岁大的两个儿子是否在打架，更不在乎 8 岁的那个孩子疯跑到哪里去了。那时候，我会等着丈夫的车驶进门口的车位，然后提着外套和手袋到门口迎接他。

“嗨，亲爱的。你听说过小孩离家出走吧，今天我这个当妈的也要离家出走了。他们实在太吵了，你来管吧。我三个小时后回来，相信那会儿你已经把他们都哄睡着了。”

那时候，我有五个孩子，都不到 8 岁，我可以逃跑。但现在，这五个孩子都已经进入或是即将进入青春期。我再也不能逃跑了。那样做是不成熟的。

艾莉森今年 19 岁，约翰 17 岁，克里斯 15 岁，我们的双胞胎苏茜和莉比马上就 13 岁了。我们家充斥着青春期的气息。我们很清楚，比起他们蹒跚学步时，孩子一旦进入青春期，我们的生活就截然不同了。

那时，我们头疼的是怎么哄他们睡觉。现在，我们操心的是如何叫他们起床。

那时，我们夜里没法睡觉，是因为要给他们喂奶。现在，我们夜里没法睡觉，是因为要等他们从外面回来。

那时，他们不在乎短裤是否干净。现在，他们必须要穿那种不太干净但同时又有着完美做旧痕迹的短裤。

那时，他们希望我们听得懂他们的咿咿呀呀。现在，他们彼此用西班牙语交流，目的是为了让我们听不懂。

那时，我们得费九牛二虎之力才能给他们洗个澡。现在，只要他们一进浴室，你就甭指望他们出来了。

那时，我们总也找不到他们的鞋子。现在，克里斯的鞋子扔得到处都是，常常把我们绊个趔趄。

那时，我们总要操心给他们穿什么。现在，克里斯会看着他的妹妹们说："要是我女儿穿成这样去上学，我是决不会同意的。"

那时，他们曾向我们保证"会负起责任来"。现在，约翰常说"负责任太痛苦"。

那时，他们的愚蠢行为常让我们尴尬不已。现在，约翰会说："妈，我女朋友一会儿过来，您可别表现得跟个傻子似的。"

那时，我们去看动画片《小鹿斑比》，哭得稀里哗啦。现在，我们看的电影是《岳父大人》，因为感同身受而泪如雨下。

变化如此之大，挑战如此之多，恐惧感如此之强烈。如果你的孩子即将进入青春期,你会感到害怕。如果他们已经步入青春期,你会手足无措。如果他们的青春期接近尾声,你又会禁不住去想,是不是一切已经来不及了?

你可能有一个19岁的女儿,一直很听话,青春期也没有给你惹什么麻烦,而你13岁儿子的叛逆却让你痛苦万分。那么,同一个屋檐下长大的两个孩子为何有着如此大的差异?你也可能是一位单身家长,没有伴侣可以一起商量这些事,这让你感到很无助。或者是你的孩子尚未进入青春期,但由于你自己曾经历过叛逆的青春期,所以你会怀疑你的孩子跟你一样叛逆。

如今,我们的五个孩子都已经度过了青春期,我们也同许多家长一样和青春期的孩子进行过交谈。我们发现,这世上的许多人正面临着和我们一样的挑战,这一点让人十分欣慰。

是的,挑战。但除此之外,我们也感受着各种各样的幸福。现在,请翻开这本书,让我们一起看看生活中的真实场景,从中寻找可行的办法,让这段日子不仅可以忍受,而且可以享受。

在第一章里,我们会谈谈青春期孩子家长面临的十大常见挑战。随后的几章将分别具体探讨每一个挑战。我们会以务实的方式诚恳地探讨这些挑战,并且也会重点谈一谈在陪伴孩子度过青春期的过程中所能感受的幸福。在阅读的过程中,请忍住不要跳到"烫手话题"的章节,为你的困境寻找捷径。在抚养青春期孩子的过程中，没有任何捷径可走，也没有任何简明的答案。你不能孤立地看待某一个孩子，每一种情况都涉及一个复杂却妙不可言的孩子及其家长。你如何应对这些问题，将取决于你同你的孩子之间有着怎样的关系。改善父母和孩子之间的关系，什么时候开始都不算晚。

目录

第一章 父母的恐惧

我们坐在当地的星巴克里，小口呷着滚烫的曼巴咖啡，聊着我们的孩子。我们各自处在抚养孩子的不同阶段：一个人的儿子12岁，另一个人的女儿19岁。一个是继母，另一个则是单身母亲。在我们聊天的过程中，又有几位母亲把椅子拉过来，加入了我们的谈话。

“谈到抚养青少年，你们在情感上的首要反应是什么？”我问道。

“恐惧。”一位母亲立即回答道，其他几人也随即表示同意。

一位母亲忧虑地说：“我希望我女儿能够做些明智的选择，我担心她做不到。当然，我知道她会犯错误。我担心的是如果她做出不明智的选择，可能会对她自己或是别人造成终身的伤害。”

另一位母亲紧接着说：“我感到很失败。我是有控制欲的那种人，但现在我感觉控制不了他了。我儿子总想拥有最终决定权。他让我感觉自己很愚蠢。”

“作为一个继母，我犯了太多的错误，我担心我的继女永远都不会原谅我。”凯莉插了句话，眼泪顺着她的脸颊流了下来。

“我感到很孤独，”贝丝说，“我女儿一直跟我很亲密，但最近开始疏远我了。她不再像以前那样跟我说心里话，她开始需要隐私了。现在，听她说心里话的是她的朋友，而不再是我了。”

“我小时候就是个叛逆的惹事精，我担心我女儿也会这样。现在尽管我知道我的父母已经原谅了我，但我还是对他们感到愧疚，我自己心头的伤疤难以愈合。”雪莉感慨道。

另一位母亲说：“我儿子今年18岁，根本不跟人交流。他不想参加青年团体，他总是跟我不喜欢的孩子一起玩。我很害怕，我觉得我们已经失去他了。”

一位看起来有些不自在的母亲说：“我跟我的两个孩子关系很好，但是大家都说，‘你痛苦的日子在后面呢……’所以，我现在很担心，因为我还没有遇到任何麻烦。我很困惑，青春期真的有这么可怕吗？”

恐惧、挫败、愧疚、孤独、困惑……

还有那么多的“如果”——

如果我已经把孩子给毁了怎么办？如果她跟我小时候一样叛逆怎么办？如果他吸毒怎么办？如果……

这是一个可怕的时期，孤独的时期，令人困惑的时期。我们可能会有一些连我们自己都不敢承认的恐惧。我们自己的青春期可能还残留一些问题尚未解决。我们同伴侣之间可能会因为怎样教育孩子而产生摩擦。我们也可能因为自己是单身家长而感到十分无助。

但当我们意识到"有此类感受的不止我一人"时，我们就会觉得欣慰。

在养大了五个青春期孩子并且同无数的青春期孩子家长谈过话之后，我和我丈夫约翰认识到，作为青春期孩子的家长，我们面临着许多共同的挑战。明确地指出这些挑战可以鼓舞很多人，因为这会使我们认识到，其他人也在应对这些问题。谈论这些问题并且发现有许多问题是可以解决的，这一点也很振奋人心。

在我们与孩子们一起经历青春期的过程中，这些挑战和问题能够使我们的信仰更加坚定。

下面我们来谈一谈抚养青春期孩子的十大常见挑战。随后的每一章都会重点讨论其中一项，并提出实用的解决办法。

迅速浏览十大常见挑战

1 什么是正常的，什么是异常的？

“今天过得怎么样？”我问儿子约翰，他当时刚放学回来，正坐在餐桌旁吃点心。

“还行。”就俩字，再没别的。

“有什么好玩的事情吗？”我追问道。

“哎哟老妈，您怎么跟审问犯人似的，您也太爱管闲事了。”他一边说着，一边拿起书，径直走向他自己的房间。

就这样，我那曾经爱说爱笑、热情似火、风趣幽默的儿子又一次地拒我于千里之外。在 13 岁这个年龄，他以极端冷酷和沉默寡言的方式来表达自我。跟他待在一起很没意思，显然他也不想跟我共处一室。我就想，我干吗要在这儿等他放学回家？我在不在这儿，对他来说没有任何区别。他这种行为是正常的吗？这只是一个阶段吗？这个阶段会过去吗？我是不是反应过激了？我应该怎样应对这种状况？

当我们的第一个孩子进入青春期时，我所掌握的有关抚养孩子的一切常识都不成立了。似乎我只知道怎么对付幼儿，而不知道怎么应对青少年。对于幼儿，至少我知道哪些情况是"正常"的。我知道，大多数幼儿会拒绝上床睡觉、会咬人、乱扔玩具、发牢骚和违抗父母。那个阶段相对容易，因为我知道会发生什么，我可以想好对策。但对付青少年，可就不那么容易了。在青春期激素、个性和性别意识的共同作用下，再有经验的父母也会感觉自己像个傻瓜。我们的第一个孩子在青春期有着怎样的表现，并不意味着后面的孩子也会这样。

在这个阶段里，什么才是正常的？为什么不同的孩子有着不同的反应？我们如何判断哪些是正常的青春期问题，而哪些应该引起格外的注意？我们应该如何对待每一个孩子？我们如何应对自身的不适感？我们应怎样以自信而不是恐惧的心态来抚养青春期的孩子？

2 如履薄冰？

我们正试着享用一顿美好的家宴，希望彼此愉快交谈，给予对方鼓励，每人都能开怀大笑。这是一个稳固、快乐、充满爱意的家庭应该有的状态，不是吗？但在我们家，情况并非如此。

那年，14 岁的艾莉森整天愁眉不展，她的生活中就没有一件顺心事。她嫌我做的饭不好吃，不满意我的着装，觉得她的弟弟们很没意思，而且不想跟任何人说话，就只是噘着嘴生闷气。当然，也没有人想要跟她说话。跟她说句话就像是在乞讨。所有人都得小心翼翼，家里就像有一条大蟒蛇，随时可能会咬人。除非迫不得已，否则没人说话，大家都尽可能迅速地吃完饭。这可不是一个家庭应该展现的温馨画面。

这到底是怎么了？我问自己。我的家庭被一个以自我为中心的青少年过山车一样的情绪波动给绑架了。

这种状况可不好玩。我们应该怎样应对？我们是静静地等待这个阶段的安然度过，还是应该与其正面交锋？应该由谁来掌控整个家庭的氛围？是我们，还是我们那些喜怒无常的青春期孩子？在这动荡的青春期内，我们如何在家里营造一个鼓舞人心的氛围？

3 你根本不理解！

17 岁的艾米正与她妈妈展开又一场舌战。对于前一天晚上在哪儿过的夜，她撒了谎，但是被她妈妈知道了，所以，她们又一次针锋相对了。

艾米开始咆哮："你什么都不理解。我不要你再干涉我的生活！"

"抚养你是我的职责。"她妈妈平静地说。

"那你为什么不能更好地履行你的职责？"艾米迅速回

击道。

她们的谈话就这样来来回回地进行下去，谁也战胜不了谁，有的只是彼此伤害。又一次，艾米的妈妈感觉到了挫败。

孩子们小的时候，同他们交流是那么的容易。我们理解他们，可以对他们的问题给出直接的答案。那时候根本没有沟通上的问题，他们有什么秘密都会告诉我们。但现在，一切全变了。

现在，我们想要试着去理解，他们却“不想谈了”。避而不谈、闪烁其词是常有的事，有时甚至还会引起他们的个人攻击。我们的好朋友可能有一个什么都愿意同她分享的孩子，而我们的孩子却什么也不说，这让我们觉得自己是个坏妈妈。

如果让青少年和家长们列一张亲子关系方面的愿望清单，几乎每个人都会把“更好的沟通”放在这张清单的首位。在如此动荡的青春期里，我们该如何沟通？我们能否更好地理解对方？什么时候应该主动沟通，什么时候又应该给予对方空间？我们怎样做才能让彼此更加亲密，而不是越来越疏离？在如此巨大的变化中，我们如何调整自己的沟通方式？

4 你为什么就不能信任我？

13 岁的南茜气喘吁吁地跑进家门。

“妈妈，社区中心有个万圣节派对，我和我的新朋友爱丽斯打算穿上黑色迷你裙，化装成女巫。之后我们想到爱丽斯家再办一个派对，跟其他人一起看几部恐怖片。”

“不行。”她妈妈回答说。

“为什么不行？什么事也不会发生的。你不信任我吗？我怎么做什么事，你都不同意？”

和青春期的孩子在一起，每一个小问题都会演变成一场浩大的辩论。事情不再像过去那样非黑即白了，而且我们还经常吵不过他们。若是两岁的孩子随意乱发脾气，倒还容易对付，我们有绝对的优势能够赢得战争。而现在，他们摆起逻辑论据来头头是道。

我们当真就是天下最严厉、最不可理喻的家长吗？我们这样问自己。通情达理的限度是什么？

我们需要放手，但我们怎样确定在哪些方面可以放手？哪些问题可以睁一只眼闭一只眼，而哪些又是必须坚持原则的关键问题？若是我们的好朋友不赞成我们教育孩子的方式，情况就更加复杂了。她觉得我们太严厉了，或是还不够严厉。在对孩子放手方面，我们如何设定限度？我们如何判定什么是对孩子最好的？

5 救救我！我该怎么应对……

性、约会、宵禁、喝酒、吸毒、成绩、开车、花钱、电视、电影、上网、音乐……救命啊！有没有人能告诉我怎么应对这些“烫手话题”？

对于如何保护我的孩子，有没有一个正确的公式？没有。有没有可能在避免冲突的前提下解决这些问题？没有。有没有哪位父母感觉自己在这些方面做得很好？没有。青少年是否一定会叛逆？不是。

在抚养青春期孩子的问题上，没有哪个方案是完美的，因为世上不存在完美的父母，也不存在完美的孩子。面对眼前的这些挑战，为人父母的我们因无法胜任而感到痛苦。除此之外，还有许多更加严重的问题，许多更大的诱惑。孩子们面临的许多问题都可能会带来危及生命的后果。在我们身处的后现代文化社会里，我们会想我们是否太落伍、太保守或是过度地迎合我们的文化标准却不自知？我们很困惑，也很孤独。

孩子们比我们获得的资讯更多，懂得更多的先进技术，他们的选择更多，承受的压力也极大。我们也有压力，这种压力源自需要养家糊口，事业成功，照顾年迈或生病的父母，追求精神上的成长，把孩子们抚养成为对社会有用的、负责任的成年人。

面对这些挑战，我们该如何应对和青春期孩子有关的“烫手话题”？我们能坐在一起讨论这些话题么？怎么讨论？我们在哪里能够找到实用的建议来面对现实生活中的种种状况？

6 可是我的朋友们都可以……

“妈，周六晚上广场有个大型音乐会，我们好多人都想去。我能开车带他们去吗？”

“宝贝，你两周前刚拿到驾照，而且你也知道我们家对于开车带人的规矩。你的经验还不够。我很抱歉，你不能开车出去。”

“安妮的妈妈从来不管她开车带什么人或是到哪儿去，而且她上周才拿到驾照，她自己都没有车。我所有的朋友都能开车到处跑。别人家都没有你这样的破规矩。你也太不讲理了！”

开车、驾照、公路、汽车……这些字眼中的每一个都会让神志清醒的家长感到恐惧。我们知道这意味着怎样的危险。我们看报纸，看新闻，我们知道，那样的车祸也有可能发生在我们的孩子身上。

对于我们来说，这根本就是个性命攸关的问题。而对于孩子们来说，这却是一个同龄人压力的问题，是通行的权利，是踏入成人世界的又一步。

除了汽车问题，还有派对、成绩、钱、课外活动和其他很多问题。承受同龄人压力的也不仅仅是我们的孩子，我们也承受着来自其他父母的压力。我们最好的朋友允许她的女儿随意开车，而我们却不允许。是我们太苛刻了吗？是我们的朋友太纵容了吗？我们应该怎样应对这些压力？谁是对的？怎样做才是对孩子们有利的？

我们也想同孩子们的朋友以及他们的家长建立友好的关系。可是我们该怎样做呢？同龄人的压力一定是消极的吗？能否把这种消极因素扭转为积极因素？怎样扭转？

7 我不确定我相信……

“我很害怕，”我的朋友倾诉道，“如果我儿子排斥我们的信仰怎么办？如果他误入歧途怎么办？他今年 17 岁，已经表现出了不感兴趣的迹象。他也不愿告诉我他在想什么。”这是一个质疑的阶段。为什么青少年一定要相信他被灌输的东西？他会接受父母的信仰，使之成为自身信仰吗？对于这些尖锐却无法回避的问题，自然也没有什么简单的答案。

我们该怎么做才能让孩子们做好充分的准备去拥有他们自己的信仰？在这一时期，我们如何让自身在信仰中成长？

8 我从未想过"这事"会发生在我身上

亚历克斯一直是个独立的孩子。大人说的话他都听，但总会玩点儿自己的小把戏，并且他还"很"喜欢女孩子。六年级的时候，他爸爸就发现他在电影院的最后一排跟女孩子亲热。到了16岁，他已经成为很受欢迎的男孩，就是那种所有"酷酷的"女生都想约会的男孩。亚历克斯的父母同他谈过"与异性交往"的话题，并且也制定了明确严格的家规，即"父母不在家时，不许异性进入家门"。高三那年，他开始跟一个非常"热辣的"女孩交往。为此，他妈妈没少替他祈祷，通常祈祷的内容是：如果亚历克斯做了什么不该做的事，能被抓个正着。夏季的某一天，她突然感到必须从公司赶回家。当她走进家门的时候，看见椅子上有一个女孩的手包。她大步冲向亚历克斯的房间，却发现门被反锁上了。

"儿子，"她喊道，"你现在必须出来。"

当他打开房门，她问道："你房间里是不是有人？"

"没人，妈妈，"他慌乱地回答说，"里面没人。"

妈妈不由分说，径直闯进了房间，发现那个"热辣的"女孩正在手忙脚乱地穿衣服。

亚历克斯堕落了，父母因此受到了沉重的打击。儿子说谎，违反家规，他让自己陷入了一段错误的感情。罪恶、羞耻等一系列问题涌现了出来。"我们怎么能预料到会发生这样的事？"亚历克斯的父母困惑了，"我们怎么能让他在错误的道路上走这么远？""我们怎么走到了现在这步田地？""我们从未想过这种事会发生在我们身上。"

但这事儿确实发生了，现在，这个家庭必须做出决定：他们应当做何反应？

哪些事情是我们最害怕发生的？如果它们发生了，我们该怎么办？如果我们的孩子染上毒品、离家出走、遭遇车祸、未婚先孕、排斥信仰怎么办？如果"这种事"发生在我们身上怎么办？

9 我怎么知道哪个大学或哪份工作是适合我的？

大学的问题真是让玛丽头疼坏了。作为一位单身母亲，在儿子杰夫临近高中毕业的时候，她感到有些招架不住。"我给他施加的压力是太大了还是不够大？"她很苦恼。"这是一个重大的决策，而我不得不再次独自应对，真希望能有个伴儿帮我做些明智的决定。我感觉自己就像个独臂的糊纸工，难以完成肩负的职责。

"当我试图同儿子谈谈的时候，他要么转移话题，要么就说他不想谈论中学以后的生活。我知道要想挑个好学校，竞争有多激烈。我们必须谈一谈，我需要帮助！"

安德鲁，17 岁，好胜心强，总是一副紧绷着的状态。高三刚开学，他就已经在网上做好了挑选大学的调查工作，终日为他打算递交的 15 份申请书紧张不堪。作为一名求胜心切的优等生，他势必要尝试一切可能。在这个过程中，他变得暴躁易怒、焦虑沮丧。当他的父母对他的积极性给予鼓励的同时，他们也担心这样是否太过于执着了。他们问："我们该怎样做，才能既支持他，又能帮他减一些压？"

在我发表演说的一次大会上，爱丽斯找到我。她说："苏珊，我和我丈夫都没上过大学，我们家的其他人也都没上过，所以我们一直也没指望女儿能上，但我现在觉得可能应该考虑让她去上了。她在学校的成绩很好，但我不知道怎么去考虑上大学这个问题，我太外行了。我怎么知道她应该工作还是上大学呢？我想做对我女儿最有利的事情。我怎么才能找到这个答案呢？"

所有人都有着这样的问题。要么就是可能性太多，要么就是选择性太少。而我们的孩子要么就是不够投入，要么就是过于执着。通常，我们压根就不知道该怎么做出决定。

我们该怎样开始？从何时开始？我们如何分辨什么是适合我们那个独一无二的孩子的？我们如何同孩子一起做出这个重要的决定？我们在其中应该承担多少责任，而留给孩子承担的份额应该是多大？

10 离开家门……我的孩子准备好了吗？我准备好了吗？

我和一位出版商在公司餐厅里就餐，坐在我身旁的还有两个年轻人，一个 25 岁，另一个 19 岁。这位女出版商是我的一位朋友，她很亲切地同意与这两个男孩共进午餐，特别是跟年龄稍长一点的孩子谈谈是否有可能为他提供工作机会。年龄稍小一点的是他的朋友，只是跟他一起过来体验一下。

当我看到接下来发生的一切时，我很吃惊。在整个谈话过程中，年长一点的男孩几乎没什么主动权。他没提出任何问题，对这家公司似乎也没什么了解，他甚至不敢直视这位出版商的眼睛，而他在礼仪方面的不足似乎也让他很不自在。我为他感到难过。然而，他的朋友，那个年龄更小的孩子，却对这家公司做了深入的了解。他提出了一些有水平且有针对性的问题。他甚至还绅士般地站起身为女出版商拉开椅子，还主动问她是否需要添咖啡。他表现得十分自如，并且积极地参与了谈话。

我的天！在进入成人世界闯荡一番的问题上，这个小男孩所做的准备比他的大朋友更加充分。显然他的父母对他进行了良好的训练。那么，他们是如何做到的呢？

看到这一幕，我自问，如果换作是我的儿子，他在这样的情境下会做何表现？他能否将谈话进行下去？他会有良好的仪态吗？他是否知道怎样让自身所处的氛围变得轻松？

这件事情也让我想到了其他一些问题：我是否给孩子提供了生存的全部装备？在他离开家门走向社会之前，他还需要了解哪些事情？有没有什么生存技能是我应该特意教给他的？具体是哪些技能？我该怎么教给他，什么时候教给他？

当我想到我的孩子离家的问题时，我也不得不给自己提出了这样的问题：我是否做好了让他离开的准备？我该做些什么，好让我们彼此都能顺利适应这种转变？我该怎样去做放手的准备？

如此多的挑战，如此多的问题，如此多的人有着如此千差万别的答案。

可能你的孩子一直是在家里接受教育，还没有遇到太多的问题，但现在出现了许多你之前未曾预料的问题。或者你只有一个孩子，没有其他人拿来比较，所以你不确定他的问题是否正常。又或者你可能是个单亲家长，你无法判断自己是反应过激还是不够严肃。

我们都会猜想是否有别的方式来回应我们的孩子。而且我们也容易感到自己应该为孩子们犯下的错误负责。没有哪个问题是容易回答的，也没有哪些问题是可以迅速解决的，但了解到其他的父母也面临着同样的挑战，这一点能让人感到安慰。

第二章 了解这个新时期

被挫败感包围的我咬紧牙关，努力控制住自己的泪水。从表面来看，我的状态一团糟，而在内心深处，我感觉心都要碎了，生气、难过、愤怒且恐惧。那年，我上初二，终日痛苦不堪。

那天晚上，尽管已经过了上床的时间，我却没有睡觉。我跑到父母的房门外，透过门缝看妈妈是否还醒着。妈妈看到了我，把手中的书放到一边，示意我爬到她床上去。

当我蜷缩到妈妈身边，泪水便肆无忌惮地流了下来。

“我长得这么丑！”我抽泣着说，“那些酷酷的女生都不愿跟我玩。男生觉得我是个书呆子。我不喜欢我的牙齿（那时的我是个戴着沉重牙套的暴牙妹），也讨厌我的眼镜（镜片太厚了）。我的发型很傻，骨架却比所有的男生都要大！我永远都不会受人欢迎，也不会交到我想要的朋友了。”

“苏珊，”妈妈说，“我明白你的感受，我在你这么大的时候也有过同样的感受。但是，我希望你知道，你爸爸和我都觉得你很漂亮。而且，你一定会交到朋友的。有时候，那些在初二很受欢迎的女孩到了高中就会褪去她们身上的光环。而那时候，就轮到你大放光彩了。你只要坚持下去就好了。”

我那智慧的妈妈没有反应过激。她知道我的情绪波动是正常的。那时的我需要的不是一个惊慌失措的妈妈，我需要的只是理解和宽慰。

并且，我迫切地需要看到希望。

我记得那会儿，我并没有跳起来高喊：“噢妈妈，你说得太对了！”当时的情景更可能是我噙着泪水离开她的房间，留下她默默揣测处理这个问题的方式是不是最好的。

然而，四十年过去了，我依然记得那个夜晚。那晚，妈妈给我点亮了一盏希望的灯。

这是一个新时期

绝望钳制住了青春期的孩子，也给父母们造成了冲击。双方都看不到希望，部分原因可能是我们缺乏远见。你的儿子没能在入校第一年就进入校运动队，他或许会自动断定永远不可能成为像他好朋友那样优秀的运动员。他对于获得认可的希望被击碎了，他的生活被“毁掉了”。感受到儿子的失落，当爸爸的会想：“如果我当初多花点时间陪他练习，或许儿子就不会这么失落。这是否有我一半的责任？我是不是辜负了我的儿子？”

父子俩都缺乏一种远见。假使再过一段时间，或是智慧再增长一些，这场危机就不会像此时看起来这么严重。这场危机甚至有可能会产生好的结果，尽管无论父亲还是儿子，当下都听不进去这样的话。

失望仅仅是我们在抚养青少年的这个特殊时期所要应对的诸多情绪之一。我们进入了一个全新的时期，一个充斥着各种挑战、当然也有独特的幸福的时期。

我们需要认识到，生命是由不同时期构成的。在我们的生命中，有新婚期、养育幼儿期、抚养青少年期、空巢期、以及弹簧期（当你觉得孩子们已经离开家门时，他们又重新弹了回来）。此外，在我们的生命即将结束之时，还会有黄金期。除去这些，还有混合期（比如同时养育幼儿和青少年的时期）和失落期（当配偶离开或去世，当孙子辈没有如期而至时）。当然，还有欢乐期和忧伤期，等等。

没有一个时期会永远持续下去。

把生命看成是由不同时期构成的，这将使我们在面对问题时能够拥有一些远见。无论当下所处的是哪个时期，直面挑战并选择关注此刻所拥有的幸福，都能够使我们感到安慰。我们要去发现什么是正常的，什么是必将发生的，什么是可能发生的。我们可以停下脚步，想一想：只有我一个人会遇到这些问题吗？

仅仅是知道什么是必将发生的，就会使我们在抚养青少年的这个新时期里抢占先机。孩子们会遇到什么？我们

会遇到什么？我们是正常的吗？他们呢？所谓的幸福在哪里？

他们会遇到什么？

1 生理层面

从生理层面上来说，似乎一场爆炸已经发生了。每一个角度都出现了变化。但这些变化却没有按照我们的孩子预想的方式和时间发生。对于他们来说，身体的发育要么太早，要么太迟。对于女孩来说，成为第一个穿文胸的人可能会让她感到羞耻。但如果她上初一的好朋友遇见一个大人问她“你上五年级了吗？”，她可能会因为自己发育过晚而同样感到尴尬。

外貌和穿着突然就成为伤心和挫败感的诱因。我们的女儿不是觉得自己太胖就是觉得自己太瘦，不是太高就是太矮。这个时期，还陡然出现了饮食紊乱的问题——尤其是对于女孩子们来说，这是一个日益严重的挑战。

对于男孩子来说，激素引发的变化也同样难以接受。当他压低了嗓音接电话时，你知道你的儿子开始变得敏感了。如果他身材瘦小，而他的好朋友们却已经长出了肌肉，他可能会感到自己"不像个男人"。

他或许还会为自己在琢磨女孩子和性这些问题上投入的时间而感到惊讶。在我们的文化里，这个时期的男孩会受到大量的视觉影像的轰炸。只要他使用互联网，他就能够轻易看到色情影像。越来越多的成年或未成年的男性每天都在同这种"瘾"做斗争。色情影像的数量太大，获取的途径太过便捷，但不幸的是，这个问题并没有引起足够多的讨论。

对于孩子们来说，他们对性的看法从"呸！我永远都不想做那件事！"转变为"如果两人真心相爱，却非得等到结婚才发生性关系，这样做现实吗？"。对于青少年来说，这些想法会困扰他们。

我们的青少年总是看起来很疲倦，然而他们却可以熬夜到凌晨两点都没问题。之后只要没人打扰，他们又可以一觉睡到下午两点。如果我们想要了解他们的生活中发生了什么事，我们就必须跟他们一样熬夜到很晚，以防他们突然想要聊一聊。

对于孩子们来说，这是一个令人疲惫和困惑的时期。明智的父母会记得自己小时候是什么样的状况，再将这种状况的严重程度增加至少十倍。这样做能够更好地理解我们的孩子现在所面临的困难。

2 情绪层面

“我儿子今年12岁，在他眼里，我突然间变得愚蠢又乏味，”我的朋友拉维恩叫嚷着，“每年我都会主持他们学校的同学会。今年的同学会结束之后，他对我说，‘妈，你真的让我很丢脸。你站在所有人面前，傻乎乎地挥挥手，用那种妈妈腔调说“嗨，姑娘们小伙子们”，你还穿着那双呆了吧唧的木屐，还不穿袜子……’”

“我那个曾经可爱又贴心的儿子到底怎么了？”拉维恩问道。

“这个时候，你让他觉得丢脸，是正常的。”我回答说，“但是不用担心，通常到了高二或高三，你就不再让他觉得丢脸了，他会重新开始接纳你。”

丢脸只不过是困扰青少年的几种情绪之一。并且让他们觉得丢脸的因素会因他们的朋友而被扩大化。

被激素冲击、受同龄人影响的种种情绪波动会使他们看起来像是在坐过山车。你永远无法判断下一秒他们是上升还是下降。他们很难以取悦。你会听到诸如“没有一样东西能吃……没有一件衣服能穿……没有一件事情能做”此类的话。更让他们感到挫败的是，他们无法解释自己为什么会有这种感觉，为什么如此难以取悦。

情绪上的过山车尤其可能伤害到手足关系。你可能会觉得你已经看到了孩子们之间的敌对状态正在化解，事实上你可能正看到他们之间开始建立起了手足间的友谊。但是现在，一些不易察觉的导火索似乎正在破坏刚刚取得的进展。

通常，家里会有某种其他的情绪上的紧张关系。你可能正在经历一场婚变，或是照顾年迈的父母，或是正面临失业。这些额外的焦虑也会影响到你那处在青春期的孩子。

当我们的孩子经历这个情绪波动的时期，他们需要的是希望。孩子需要听到我们说："宝贝，我想让你知道，我明白这在你的生命中是一个艰难的时期——有时候你自我感觉很好，有时候你不喜欢自己，偶尔的，你也会不喜欢我们。这一切都是正常的，我们会挺过去的。你是一个很特别的孩子，我爱你。我们会顺利度过这一段的。"

通常，只需大声说出内心的想法，就能够获得对方的理解，也能够缓和紧张关系。

3 社交层面

有一个词可以从社交层面捕捉到这个时期的精髓：尴尬。孩子们正在尝试不同的人格类型，以便寻找最适合自己的。你的儿子可能前一天还是个"酷哥"，第二天就变成了“小丑”或“硬汉”。你的女儿可能非常友好，也可能傻乎乎的；可能伶牙俐齿，也可能特别孤僻。对于整个家庭来说，这也很让人疲惫，大家都在试图弄清这个孩子的真实面目。对于孩子们来说，他们不确定自己想要成为怎样的人，这也让他们感到沮丧。在这个年龄，无论他想要成为怎样的人，都会被他的朋友们扩大化。在这个时期，朋友的看法可能会比家人的看法更重要。认同感和接受度取决于朋友的观点，而不是父母的期望。

让这一切更为复杂的是，他们的朋友圈也在发生着变化。你女儿身边“绝对是一辈子的好朋友”的人会突然变为“不招待见的人”，而那些她去年还因为“她们太势利”而根本不屑于搭理的女孩们，现在可能已经成为了她的闺密。

作为既有儿子又有女儿的家长，我认为女孩子面临的社交挑战会更加多变。总体而言，男孩子们不会像女孩们那样彼此伤害，也不像她们那么敏感。但他们的心灵也同样柔软，他们也同样需要朋友。有些孩子只有一个朋友就够了，而另一些孩子可能需要一大帮朋友。每个孩子都有不同的情感需求，你孩子的需求可能跟你的需求不同。这些都没关系。

4 心理层面

我们已经从初学ABC的乐趣转向了面临SAT考试(译注：美国高中生学术能力评估测试，相当于我国的高考)的压力，并且通常孩子们会觉得自己处在必输无疑的境地。他们要么因为压力不够而感到无聊，要么就是因为过于投入而感到成功无望，他们很容易觉得无法让家长满意。我们总是对他们有更高的要求。他们只要想起与考试有关的一切，就自动陷入了沮丧，因为"根本就没有办法……"。可能他们的学习能力有限、没有办法集中精力、对课外活动投入过多、实习的工作占据太多时间，或者是缺乏自律。还有一种可能是，他们觉得父母过多地忙于自己的事情，以至于没有真正关心他们的学业。他们很容易产生挫败感。此外，他们还承受着择校的压力、奖学金的压力、竞争工作机会的压力，这些都会让我们的孩子因挫败而畏缩。

在心理压力方面，朋友的作用也很重要。如果朋友觉得学业重要，你的孩子也会重视学业。如果学习好被看作"不酷"，一个天赋异禀的孩子可能会隐藏起他的能力。通常，到了高二或高三，你的孩子会开始根据自己的能力来学习，而不是盲目屈从于社会压力。但你不能等到那时才去提高平均成绩。要知道，SAT的平均成绩从初三就开始算了。分数对择校来说十分重要，所以即便对于孩子们来说，压力也是不容小觑的。

5 精神层面

从幼儿园起，雷就进了一所私立的教会学校。他的父母都是福音派教会的领袖人物，一直把孩子们看作生活中的重心。然而，17 岁的雷正在同他的信仰做斗争。最近，他对妈妈说："我不确信能否继续相信基督教的这一套了。很多智者都不信这些。"

这是一个断奶期、一个质疑期、一个困惑期，但它会通往一个拥有期。青少年很容易会提出"我为什么要相信别人教给我的那一套？我真的想要相信那一套吗？如果……"等诸如此类的问题。

在这一时期，一个必不可少的转变开始发生。我们的青少年必须开始从对我们信仰的依赖转向他们自己更为个体化的依赖。这种转变可能会涉及一些质疑。一个叛逆的孩子可能会采取与父母对抗的策略来表达他们的质疑。我们的孩子必须知道，质疑本身没有错。我们必须给他们提供质疑的空间，但我们也必须引导他们去寻找答案。

我们会遇到什么？

1 情绪层面

当我的孩子度过了蹒跚学步的年纪，我曾想过，一切终于平静下来了。我甚至认为此后的那几年很有意思。他们仍然想要抱抱，愿意在公共场合拉我的手，遇事会征求我的意见。有时候他们甚至主动要求帮忙洗碗。跟他们在一起就很好玩。我也似乎知道怎样能够让他们开心，他们依然拥有无所顾忌的孩童般的热情。

在某种程度上，我曾把我的家庭看作一幅巨大的拼图。在完成了前两千张让人崩溃的拼块之后，我终于成功地把几个大块的边缘连到了一起。我还有一堆绿色的拼块，只要把它们凑到一起，就可以完成这幅拼图。我的拼图似乎就要顺利完工了。正在这时，孩子们进入了青春期。我感觉有人拎起了我小心翼翼铺陈开来的拼图，把它摔在了地上，拼图的碎片四散纷落。

我再次质疑起了自己作为家长的身份认同。我所树立起来的自我形象摇摇欲坠，感情十分脆弱。

对于家长来说，抚养青春期的孩子很容易让人情绪化。对于单亲家长来说，这一时期尤其具有挑战性。你没有另一半与你形成力量上的平衡，没有人对你说“亲爱的，你有点儿太较真了”或是“其实这件事不像看起来的那么糟”，或是“这是个严肃的问题”。

不仅我们会质疑自己的做法，孩子们也更加清晰地看到了我们的弱点。他们会指出我们的易变，我们会觉得自己是个不称职的家长。

此外，孩子们也不像过去那么需要我们了。他们开始挣脱我们的束缚，我们会感到失落、伤痛；而我们清楚，随着时间的流逝，这种感觉只会愈加强烈。

当孩子蹒跚学步时，我们只是在身体上感到筋疲力尽；而现在，我们在情绪上无所适从。孩子与我们争辩时的言语也更加复杂。突然间，我们感到自己很愚蠢。什么是正确的？谁是正确的？

2 社交层面

我们也在与同龄人压力做斗争，这种压力通常因“其他家长”而产生。她的孩子 SAT 分数更高；她的儿子是体育明星，是班长，对大人们彬彬有礼。而我的孩子……唉！我到底哪里做错了呢？

拿其他家长跟我们自己作比较，这本身就是大错特错。这样做只有两种结果，我们要么会批评对方，要么会贬低自己。我们需要相互学习、相互鼓励，但我们一定不要陷入过度比较自己、比较配偶或比较孩子的怪圈。每个家庭都是独特的，每个孩子也都是特别的，他们的能力各有不同，在生活中都会找到各自施展的空间。

在这个时期，我们的时间可能会显得紧迫些。我们面临着如此多的需求，感受着来自朋友、家人和同事的诸多压力。在这个时期，到了晚上，全家人常常会各自忙着去参加会议，或是拼车去参加活动。那么，我们如何界定什么行为是适合自己的呢？

3 生理层面

最近有个朋友打电话来说：“我发现上帝犯了一个大错！他为什么让孩子们进入青春期的时间与我们进入更年期的时间重合？”

如果你也是这种情况，那么你的家里一定充斥着大量的激素。这时的你需要一点幽默感，当爸爸的更是如此。你也可能跟我的朋友霍莉一样，在孩子进入青春期时又怀上了新宝宝。激素是个很诡异的东西。但能够把一些事情归咎于激素，也很不错哦。

根据你自己家的情况，这一时期可能会让你在身体上感到非常疲惫。或许你的父亲或母亲刚刚离世，或许你刚同配偶分开。那么，这段时间会是一个悲痛期。当我的父亲意外离世，我们都经历了一个困难期。但我们没有做好身体上疲惫不堪的准备。悲痛是情感的透支，也会导致生理上的透支。如果你在这个时期遭遇了任何一种悲痛，你都会疲惫。这是正常的。找到身体疲惫的原因，会有助于减轻一些焦虑。

4 心理层面

在抚养孩子方面，我们的高中文凭、大学学位，甚至是研究生学位都没什么用。那些所谓的专家们的意见不尽相同，来自各方面的信息太多了，所谓的"正确的"公式太多了，多到我们无法承受。

或许你在设计计算机程序、解决复杂的工程问题、处理案件诉讼或商业经营方面能力很强，但在养育孩子方面，你却笨手笨脚，你做什么似乎都是错的。在这张试卷上，你似乎只能得到一个巨大的零分。

突然间，我们的心理受到了挑战。三个孩子同时需要用两辆车，而且还必须"现在"就要知道我们打算怎么解决这个问题。在接下来的几个小时里，我们还得让孩子们参加五项不同的活动，还得给他们做饭。数学课可没教给我们怎么应付这些事。

对于心理学上所说的"A 型人格"，即天生的问题解决者来说，抚养孩子也会变得艰难。我们在面对一个问题时，会提出三种迅速解决的办法。但"解决"一个孩子的问题，可没那么容易。

这个时期会有幸福吗？

是的，这个时期可以成为一个极大的幸福期。

这些年，我们开始收获早年训练的成果——我们开始像对待成年人那样同孩子相处。跟他们谈话可以很有意思，在一些问题上可以咨询他们的意见，我们也可以一起做些事情并且彼此都能尽兴。我们开始更加清晰地看到他们独有的天赋，看到他们学着与我们的成年朋友相处，我们的眼中充满了骄傲。当他们顺利度过青春期后，他们似乎更有信心面对自己本来的模样。跟我们在一起时，他们也不再感到别扭。

我们注意到他们身上显露出的体贴周到，也看到了智慧的闪现。随着时间的流逝，我们也增长了一些见识。我们逐渐意识到，过去所担心的一些事情其实并没有我们预想的那么严重。

我必须承认，对于我来说，孩子们的青春期是我最钟爱的时期。这个时期并非没有困难。相反，它充斥着各种绝望。但总体而言，我比其他人更能享受这个时期。我们每个人都是与众不同的，我们每个人都会喜欢不同的时期。但我们要有信念。孩子的青春期可以成为你生命中最好的时光！面对困难时，重要的是要寻找幸福。我们很容易把焦点放在问题上，而忽略身边的美好。

第三章 营造一个激励的氛围

我记得自己在青春期的时候常去凯特家过夜。她是“酷孩子”队伍里的一员，所以我对能够受邀去她家玩感到很荣幸。但与此同时，我也觉得不太舒服。

站在那座豪宅的台阶上，我按响了门铃。她妈妈开了门，没拿正眼瞧我，闷闷不乐地说：“哦，是你啊。凯特在她房里。”说完就转过身去，还不忘喊了一嗓子：“凯特，你朋友来了，但你出来前最好把你的房间收拾干净。”

然后凯特的妈妈就走开了，没再多说一个字。

一整晚，凯特和我就这么待着。好像没人去准备晚餐，所以我们就自己随便吃了点东西。凯特的弟弟们因为一个新足球吵了起来，又喊又叫，还踢打对方。后来，他们的爸爸终于回到家里，把他的公文包往地上一扔，眼光越过凯特和我，开始数落起他的儿子们：“你们这些男孩为什么把自行车放在车道上？马上出去把它们挪走，就现在！”

凯特的妈妈没理会他，继续忙着她手头的工作。整个晚上，一家人之间都没说几句话。男孩子盯着电视看，凯特和我则去听她新买的唱片。到了睡觉的时候，我却无法入睡，因为她的父母在隔壁房间里吵得不可开交。而凯特对此却没有丝毫的不悦或尴尬。显然，对于她来说，这是正常的家庭生活。而我，却在清晨终于来临时，如释重负地跑回了自己家。

玛丽爱伦的家与凯特家截然不同。那是一套复式公寓，玛丽爱伦的妈妈是位单身母亲。她家就在我家旁边，所以我经常跑到她家去玩。

情况一般是这样的。玛丽爱伦的妈妈会来开门，热情地喊道："噢，苏珊，见到你真高兴，快进来。要不要吃点东西？"我们围坐在餐桌旁，她会问："今天过得怎么样？你暗恋的那个男生有没有跟你说话？听说数学考试很难，你考得怎么样？"

只要玛丽爱伦的妈妈在家，她总会给我们讲一些关于她学生的搞笑段子。她是一名大学教授，会鼓励我们学习。我们的谈话常常会以一句轻快而严肃的"跟你们在一起真好玩，不过姑娘们，你们该做作业了"作为结尾。我们也明白她是认真的。跟她拥抱道别后，受到鼓励的我会径直回家做作业，心中充满了愉悦。

两个不同的家庭，两种迥异的氛围。一个被阴郁灰暗、愤怒言辞、漠不关心和剑拔弩张包围，另一个则充满了彼此关心、欢声笑语、全心接纳和温暖祥和。我想，凯特的父母可能并没有意识到家里的负面氛围。他们也爱着自己的孩子，他们并没有刻意要营造一个充满了紧张氛围的家，他们只是被这种紧张氛围牵制住了。

有时候，我家会出现一种阴冷潮湿的气味。通常我都意识不到屋里的气味，直到孩子走进门对我说："妈妈，屋里的味道真难闻。你最好煮点'香味锅'！"然后，我就会坐上一口锅，放入整块的丁香、甜胡椒、肉桂，再加上一点儿清水慢炖。只需一小会儿，整个房子就会飘散一股芬芳的气味。

同样，我们很容易让家庭的氛围陷入紧张、敌对或情感的疏离。我们的家有可能会成为一个停靠站，家庭成员只是在途中停下来吃点东西睡个觉，然后再奔向他们的下一个目标。

在一个有着青春期孩子的家里，不可避免地会出现很多氛围紧张的时刻。这是这个时期所特有的东西。然而，我们希望家里每天都充满着激励的氛围。但激励的、积极的氛围不会自己出现，而是需要我们去努力营造。

为什么家庭的氛围如此重要?

家庭的氛围将决定我们与青春期的孩子之间能够建立起怎样的沟通模式。氛围决定了我们如何应对"烫手话题"，怎样设立规矩以及何时该放任自流。如果家庭氛围已经摩擦重重，我们还能怎么期望就"女儿想要参加的那场派对”进行心平气和的谈话？如果家里已经存在相互的不尊重，我们又怎么能够在不允许儿子开车出去的时候避免同他争吵起来？如果家人之间已经存在情感疏离，孩子又怎么会想要把心中的恐惧告诉我们？如果家中持续存在如履薄冰的感觉，当孩子们遇到危机时，我们该怎样沟通交流？

我们应当认识到两种倾向。其一，我们倾向于把所有的注意力放在应该怎样应对那些“烫手话题”上，如饮酒、性、毒品、饮食紊乱、色情影像，等等。我们想要寻找快捷的解决办法。我们迫不及待，可我们又很繁忙，而且我们需要一个底线。但我们怎样应对这些难题，又将直接取决于我们同孩子之间建立起来的关系。这种关系是家庭氛围的直接映照。

我们需要在家里营造一种积极的氛围，因为这能使我们与处在青春期的孩子建立起稳固的关系。这样的稳固关系使得我们能够共同应对青春期的难题，而不是任由这些难题离间我们。

其二，我们倾向于认为一切都已经晚了。今天上午，一个朋友抽泣着给我打电话：“我们昨晚又跟儿子起冲突了。我没处理好。我觉得我做什么都是错的，我做的每一个决定似乎都是错的。儿子也很痛苦，我们都很痛苦，我没有办法让他开心起来。家里的紧张气氛太让人沮丧了。我觉得我们搞砸了，现在做什么改变都无济于事了，更何况我也不知道该做哪些改变。”

其实，没有什么事情是太晚了的。若是想对家庭氛围做些改变，任何时候都不算太晚。可能只需一个小小的改变，就可以使一个紧紧包裹起来的人敞开心扉；迈出一小步，就可以看见希望之光在闪烁。

当我的孩子告诉我家里的气味不好时，我就得采取切实的措施来改变这种氛围。我选择了三种原料炖出我的“香味锅”，我知道它们能够帮助我实现积极的转变。采取了切实的行动后，我就只需等待芬芳的成果慢慢渗透整个房子。

当然，对于房子里的某些区域而言，愉悦的气味可能更难以抵达那里。但最终，辛辣的肉桂会引发这样的回应：“哇，妈妈，这儿的气味可真温馨！”

如果我们想要营造激励的氛围，我们必须有针对性地做些事情。要么任由消极的氛围笼罩我们，要么就主动地去营造一个积极的氛围。

采取有针对性的行动会涉及评价。看一看你自己成长的家庭。那里氛围是什么样的？什么让你产生舒适感、安全感和被接纳感？什么让你想要回到那个家？从另一方面来说，有没有什么是你讨厌的？有没有什么让你觉得回家是件痛苦的事？是什么导致了紧张感或疏离感？从你童年的家庭身上，你想要效仿什么，又想要避免什么？

在你沉思自己的家庭应当是什么模样时，请考虑以下七个因素：

1 安全

萨莉是家中的长女，个性很好强，总是挑战父母的底线。只要父母的要求一严格，她就会喊："你们是世上最刻薄的家长！"然后就冲进自己的房间。当他们试图对她宽松一些时，她却总觉得宽松得还不够。

事情的根本在于，萨莉希望在家里发号施令，尽管她自己都意识不到这一点。害怕伤害到女儿的自尊心、唯恐与女儿之间产生隔阂，这两点使她的父母不敢对她说"不"。

他们希望萨莉在他们给予的爱中感到安全。但一个孩子的安全感不是在她意识到自己能够发号施令时产生的。当一个孩子知道这个家里是家长说了算的时候，他们才会产生安全感。他们爱她，愿意倾听她的想法，愿意给她独立的空间，但她并不是家里的"老大"。她只是个孩子。而他们是家长。她得知道家长说话是有分量的。她本能地知道有一道线是她不可以跨越的并因此而尊重他们。这样，她才能拥有安全感。

抚养处在青春期的孩子，最难的事情之一就是区分何时该严格、何时该宽松，我们在第五章里会进行详细的探讨。但在我们深入到具体问题之前，要知道，孩子们必须明确地意识到父母是家庭的掌控者。掌控并不意味着独断，掌控意味着父母在抚养孩子的过程中拥有充满爱意的领导权。这种类型的领导权能够潜移默化地使我们的孩子产生安全感。

当孩子知道父母看重什么时，安全感会提升。他们看重的是金钱、成功、交到正确的朋友、拿到最高的分数？还是良好的品质——正直、善良、尊重、慷慨、忠诚？

几年前，我们也曾经问过自己同样的问题。我们得出的结论是：支撑着一个孩子、一个成年人、一个家庭走下去的是良好的品性。这个问题促使约翰和我撰写了《品质非常重要！用持续正确的价值观培养孩子》。身为家长，我们希望培养出拥有使命感的自信的孩子，能够认清自我并看清前进方向的孩子。我们也希望自己能够拥有此类品质。但品质这东西可不是我们能拿到手然后直接传给孩子的。我们的一生也是不断成长的过程，永远不能终止。我们看重哪些品质，这在家庭氛围中是很明显的。如果我看重正直，我就不会在餐桌上拿逃避支付停车费或篡改个人所得税这样的事情开玩笑。相反，我会诚实地付费和交税，并告诉孩子们，尽管我也想“逃一回”，但我知道个人的正直更加重要。

不管你喜不喜欢，我们的孩子会把我们当作典范。她可能会在某一天（不是现在，而是在遥远的将来）想要成为我们这样的家长，也可能会穷尽一生想要抹去我们留下的印记。我们的孩子并不是在寻找完美的父母。他们比谁都清楚，世上根本没有完美的父母。他们需要的只是诚实的父母，不断努力完善自我品质的父母。

一个安全的家庭必定在言语和行动上都充满感情。我记得我的父亲曾经对我说："苏珊，我很爱你。"

"为什么呢，爸爸？"我问道。

"因为你是我的孩子。"他回答说。

不是因为我进入了优等生的行列，或是打赢了什么球赛，或是善待了兄弟姐妹。我没有做这些事。他爱我，只因为我是他的孩子。

这种无条件的爱让我拥有安全感。

或许你的父母从未对你说过这样的话。你身上可能还带着小时候受过的伤。这是好事。你可以成为健康家庭的第一人。即使觉得不好意思，也要说出来。即使对你来说，成为一个深情的家长很难，也要去拥抱你的孩子。即使青春期的孩子没有给你回应，你也要去做。大多数的青少年都会经历一个不想要拥抱的时期，特别是在公共场合。但你可以在私下拥抱他们，即便他们冷若冰霜。不要期待他们现在给你回应，你的任务就是坚持这样做下去。总有一天这块冰会融化。

有时候，当我们看着自己的孩子，我们会想，上帝是不是弄错了。我们的个性完全不合，我们无法理解对方。我们不想亲吻他（她），我们爱他（她）却不是很喜欢他（她）。我们觉得羞愧和负罪。毕竟我们是家长，而我们却不知道该做些什么。我们感到不安全。其实，上帝选择他们成为我们的孩子，就是希望我们把安全感传递给他们，并告诉他们："你是被接纳的，你是被需要的，你在这个家里是受到重视的。"

2 时间

花时间陪伴一个人，能让他（她）感到自己是有价值的。我们了解这一点，也确信这一点。那么，为什么这样去做却很难？在当今社会，我们被多种选择冲昏了头脑，在怎样花费金钱和时间方面，我们有着太多的选择，有太多可供选择的活动。通常，我们面临的不是在好与不好之间选择，而是在众多好的选择之间抉择。父亲、母亲、每个孩子以及整个家庭都有着各种选择，这些选择之间存在竞争。更何况孩子和家长都面临着所谓的"同龄人压力"。我们都是这种压力的受害者。我就曾经遇到过这样的事。

一次，我去观看我家那对双胞胎的篮球比赛。坐在我旁边的两位母亲开始聊天，事实上，她们都试图给对方留下自己压力山大的印象。

"真希望这场比赛赶紧结束，"一位母亲叹息道，"我女儿进了一个预选队，我们还得赶到那边去训练。明天要参加她的乐团独奏会，独奏会结束之后一小时，她还有个提高班的野外训练要参加。"

“噢，我明白你的意思，”另一位母亲回答说，“我女儿是学校戏剧的主角，一小时之后就得排练了！她还是芭蕾舞高级班的成员，下周有一场演出。还有一个很好的机会，能让她拿到西班牙语课的额外学分……”

这两位母亲的谈话让我相形见绌。我的女儿们没有这么多的活动可参加。哦！天哪！我不禁叹息，我没有给她们创造这些机会，我不是个好妈妈。我缓缓踱出体育馆，决定赶紧回家，给我的孩子们报名参加更多的课外活动！

我成了“同龄人压力”的牺牲品。这种压力宣扬的是：谁的孩子最忙碌，谁就是最好的家长。

我们需要停下来，问问自己：十年之后，什么是最重要的？是我们的孩子又赢得一座奖杯更重要，还是我们拒绝参加兴趣班，而把时间用来跟家人坐在一起吃顿晚饭更重要？从长远来看，我们是想要收集一堆在柜子里落满灰尘的奖杯，还是想要投资于在家人之间建立起能够持续一生的情感联系？

这些问题很难，找不到简单的答案。

我们每个人都得决定，在生命中的特定时期，什么是适合我们的。我们每个人都要学会说“不”，而这样做会让我们不受欢迎。青春期的孩子很容易就会抓狂。他们不会理解家人团聚的必要性。所以，不要指望他们能够理解，这不现实。作为家长，从长远的角度看问题是我们的责任。长久以来，我们一直认为，培养兄弟姐妹之间的友谊至关重要，而这就意味着要花时间在一起。

我们不仅需要提前安排好全家共同活动的时间，也需要做好随时陪伴孩子们的准备。关于家人共处的"高数量时间"和"高质量时间"的问题，社会上已经有了很多讨论。事实上，这不是非此即彼的问题，而是两者皆需的问题。你无法为青春期的孩子安排与家人共度的定量时间。相反，你必须待在他们身边，以防他们随时产生想要跟你聊一聊的冲动。而这通常又会出现在一个不那么方便的时间——夜间或是你正忙于某项工作的时候。即便如此，我们也得停下来，抓住这个难得的机会。

我们或许要竭尽全力才能挤出一点儿时间与孩子共度。我们可能需要取消一个会议、放弃一场高尔夫球赛或是拒绝一个邀请。而我们挤出来的这点儿时间却往往未能使我们加深感情，相反却以尴尬的沉默或不愉快的对抗而告终。我们会想，早知如此，我又何必费力尝试？放弃很容易，因为我们产生了挫败感。此时，赶回办公室似乎比留下来更容易。至少在办公室里我们还能得到一些认可，我们还能感觉到自己的进步。在办公室，我们能取得一定的成功，而在家里，我们觉得自己很失败。

在某种程度上，我们的问题在于希望能够获得即时的成果。而事实上，我们不应该期待花在孩子身上的时间能够迅速产生收益，而应当把这些时间看作长期投资，这项投资总有一天会使我们收获健康的亲子关系。

3 坦诚

有件事一直困扰着亚历克斯。他的妈妈能够看出来，她那读高一的次子已经变了。这可不是什么小事，他看起来忧伤而孤独。经过了一段时间的观察，一天晚上，她在儿子的床边坐下，轻抚着他的后背，说："儿子，你遇到什么事了吧，想不想跟我聊聊？"

"哦，妈妈，"他哭了起来，"我只是觉得孤单。我没想到转到这所新学校这么难。我连哥哥都见不到，他在学校已经有了很多朋友。而我的朋友本虽然在学校，但他也没时间陪我。他去年就来了，早就交到新朋友了，相比之下，他更愿意跟那些新朋友在一起。"

妈妈静静地听着，亚历克斯尽情倾吐着心中的伤痛。妈妈没有给他任何答案。他也不需要任何答案，他只需要妈妈的倾听、理解和安慰。起身离开之前，她拥抱了这个瘦小的儿子，分担他的痛苦，这使得母子关系更加亲密。

在家里营造一种鼓励坦诚的氛围非常重要。我们希望孩子能够放心地把他们受到的伤痛和持有的疑问告诉我们。我们希望家中没有任何恐惧。

记得我父亲曾经说过："苏珊，我希望你知道，我不会永远赞同你的言行，但我会永远陪着你。"

我的父母都是要求严格的人，尽管那时候我并不喜欢这样，但我的确尊重他们。我知道，无论我做了什么，都可以告诉他们，他们会帮助我解决问题。

如果孩子们知道我们能够认真对待他们的事情，不会笑话他们，会花时间倾听他们的想法，而不是妄加评论，无论发生什么我们都会站在他们这一边，他们遇到困难时就会放心地向我们求助。

我们可能有个什么都愿意倾诉的女儿。事实上，我们更希望她不要把什么都告诉我们。而她的哥哥却把自己封闭得像个蚕蛹。如果他哪天愿意分享一些私人的事情，估计我们都会激动得昏过去。

我们可以通过与孩子分享个人感受来鼓励坦诚。我们可以同他们分享一段失败或失望的经历，或是告诉孩子我们希望在哪个领域取得进步。最近，我告诉儿子，我曾苛刻地对待一个朋友，起因是她对我造成的一些伤害，但我知道我得放下这一切，所以那段时间我过得很艰难。与儿子聊聊这件事，这使得我更有勇气放下这件事，而不是让怨恨积聚下去。

当然，我们不希望给孩子造成负担，而且也必须清楚哪些可以同他们分享，哪些不可以。但是等到他们长大成人，了解到父母也曾挣扎过、也需要他们的关怀，这会使他们感到安心。

4 尊重

“你这个贱……”17 岁的埃尔西一边冲妈妈尖叫，一边摔上了房门。她疲惫的母亲默默站在原地。这个场景实在太熟悉了。

积极的氛围和言语上的公然不敬是不可能共存的。我们绝不能允许父母或兄弟姐妹说粗话。大多数孩子都会顶嘴，如果不在他们很小的时候处理好，这种场景到了青春期就会越来越多。

那么，我们该怎么做？我们绝不能允许这种情况出现。我们得为顶嘴制定严厉的惩罚措施并认真落实。

作为家长，我们得诚实地问问自己：我的言语有没有问题？有时候，青春期的孩子只是模仿他们在成长过程中所看见的父母的言行。我们或许需要一些帮助和依靠，来净化自己的言语。一位智慧、谦逊的父亲会走向他的儿子，说：“你对妈妈很无礼，今后不允许这样做。我意识到自己有时会说粗话，对待你妈妈以及你们姐弟几个的态度也不太好。请在我再犯此类错误的时候提醒我。我们都得做出改变。”

作为家长，你可能也得进行心理咨询或是要求另一个成年人对你进行监督。我们同对方说话的方式不容轻视。你是在教育未来的丈夫或妻子如何对待他们的伴侣。你希望你女儿未来的丈夫同她说话的方式跟你同妻子说话的方式一样吗？

如果你的伴侣不认为自己说话的方式有问题该怎么办？那么，你依然有责任不允许孩子在言语上侮辱你。这很难，但你也要做。如果你不阻止这种行为，你的孩子就会越来越讨厌你，因为他（她）无法尊重你。他（她）做了不该做的事，却没有受到惩罚。如果你是单亲家长，可以请一对夫妻与你共同做这件事。他们或许需要坐下来，跟你和你的孩子共同讨论这个问题。

虽然我们的言语能够表达我们对彼此的尊重，但也应当尊重别人的财物。教育你的孩子借东西时要礼貌地询问，借来的东西要完好无损地及时归还。如果家里有互借衣服的女孩子们，这一点就格外重要了。借来的汽车在归还之前必须加满油并清洗干净。“归还东西时一定要让它比借来时更完好”是永恒的真理，这句话强调的正是体贴周到与尊重他人的品质。

还有一种方式可以让孩子们认识到我们对他们的尊重，那就是遇事征求他们的意见。他们常常会有我们所不具备的洞察力，我们需要他们提供见解。在有些事情上，他们胜过我们，我们需要他们的帮助。比方说，我的女儿们就拥有比我更敏锐的时尚触觉。因此我每次购物都要带上她们，她们会为我搭配衣服。如果参加她们的活动，我会在穿着方面征求她们的意见，因为我不想让她们感到丢脸。上周末，我去观看女儿的一场球赛，她们的一个朋友说："叶慈太太，你看起来可真精神。你是怎么做到的？"

"多亏了姑娘们，"我回答说，"她们是我的私人买手！"

5 理解

努力地维持 3.8 分的平均成绩、效力于校运动队、担任班长并带领青年团体做礼拜等多项工作让读高二的本变得沮丧易怒。他同父母的关系一向很好，但最近他没有时间陪伴父母或兄弟姐妹。他的身体正在超负荷运转。他感到筋疲力尽。

华盛顿国家儿童医学中心的神经科医师菲利普·珀尔说："美国青少年普遍处于慢性疲劳的状态，近年来这种情况愈加严重，丝毫没有改善。"考虑到中学生普遍存在睡眠不足的问题，弗吉尼亚北部的两大学校体系一直在研究是否有可能安排学生轮流上课，让一些高中推迟每天的上学时间，以便让孩子们获得更多睡眠。

越来越多的青少年感到在收发电子邮件和网络聊天的间隙难以集中精力完成家庭作业。随着申请优秀大学的竞争日趋白热化，堆砌履历的重要性也越来越早地被人们意识到。指导专家建议申请这所学校，爸爸妈妈则坚持申请另一所，而朋友们又有其他的观点。"对我们抱有期望的人太多了！”

所有这一切都只会给我们的孩子带来一种东西：压力。

作为父母，我们往往会在时间管理方面对孩子絮絮叨叨。但是，在我们把一份新的时间管理计划扔向他们之前，我们需要理解他们所承受的压力。

解决问题并不总是明智的做法。有时，只给予同情和理解是最好的。

“儿子，我只想让你知道，我理解你目前时间紧迫，而且每个人都在给你提建议，压力很大。你这么努力，我知道你很疲惫。我为你感到骄傲，我会为你祈祷。”

做一些曲奇饼，放在他的枕头上，再留张字条。给他写一些鼓励的话语，放在他的书包里。从办公室给他发封邮件，写一些理解的话，让他知道你理解他的压力。

让孩子们知道我们理解他们承受的压力，这能够使情况发生巨大改观。让他们知道我们理解他们正在走向成熟并学习承担责任，这也很重要。

用心寻找他们成长的每一小步并告诉你的孩子。如果他在论文交付期之前两天努力撰写，而不是等到前一晚才去拼凑，请夸赞他。如果他因为手头任务很多而拒绝去做他很想要做的事情，请表扬他。如果他记得给汽车加油，请感谢他。

我们很容易会陷入“好强育儿法”(Encore Parenting)的怪圈。这种育儿方式宣扬“很好，但我知道你下次可以做得更好”。他的小测验得了 90 分，你就要求他下次能得 95 分。他在足球赛上进了一球，你就制定了能让他下回进更多球的策略。对于好强的家长来说，仅仅为眼前的成就欣喜而不期待更多是极其困难的。好强的家长永远都不会满足。在他们看来，总有更多的事情需要去做。或许你成长的家庭就是这样，在那里，你永远都做得不够。你再怎么努力，也不够好。如今，你依然觉得自己达不到标准。无论你做什么，你都无法取悦“他们”。我们不想成为好强的家长。是的，我们希望孩子出类拔萃，但总有一些时刻，我们只需欣赏他们已经取得的进步，而不去展望下一次的成功。

品质的成长比具体的成绩更加重要。孩子们被带到这个世上时具有的特点是不同的。有的孩子平均分可以达到 4.0，有的孩子能顺利读完高中就已不易。有的孩子具备音乐天赋，有的孩子则似乎没有任何天分，但他有颗仁慈的心。有的孩子智商 150，但他的兄弟姐妹却患有唐氏综合征。我们可以为优异的学业或出色的音乐表演喝彩，但必须注意把大部分的赞赏留给孩子品质的完善。一个患有唐氏综合征的孩子能够学着自己吃饭，我们就应该表扬她：“宝贝，你真努力！我为你的坚持不懈而骄傲！”告诉她的兄弟姐妹，她表现出了惊人的毅力。

对那个平时少言寡语却主动帮助邻居搬东西的孩子说：“你今天表现得很体贴，我为你的进步而骄傲。这是一种优秀的品质。”

对那个本赛季大部分时间都在替补席上为队友喝彩的女儿说："我知道没能上场让你很失落，但我看到你的耐力有很大增强，为队友喝彩也显示出你有鼓舞人心的能力。比起担任球队主力，你的品质和成熟的处事态度更让我感到骄傲！"

6 智慧

抚养青春期孩子的时期有很多幸福，其中之一就是你可以开始向他们解释一些事情，而他们也能够"明白"。智慧开始显现！

你 14 岁的女儿冲进家门——又是满脸泪水。

"今天我又是一个人吃的午饭。艾伦和艾米（所谓的"酷"女孩）没给我留座位，我没地方可坐。她们可能不喜欢我了。艺术课老师好像也不喜欢我的作品。他要是认为我很差劲怎么办？还有我的朋友泰瑞，因为他个子很矮，运动队的那些人就取笑他。我都替他感到尴尬。还有……"

她的泪水和话语一股脑儿往外涌，这个敏感的孩子所经受的痛苦让你感到十分疲倦。她总是最容易受伤的那一个。你只要看她的眼神有点儿不对劲，她就会泪如雨下；一只受伤的小动物也会让她伤心不已；受到同龄人伤害最多的就数她。

你该怎么帮助这个脆弱的孩子？

现在是时候向她解释天赋与缺点了。

“宝贝，我想跟你谈谈关于天赋和缺点的问题。你很关心别人，为他们的伤痛而难过。你的敏感是一种天赋。在你成长的过程中，这种天赋会产生惊人的作用。但是宝贝，每一种天赋都有着它的消极面或缺点，你的天赋的缺点在于你容易受到伤害。你可能会对某件事情反应过度，或是把别人对你的看法往最坏的地方想。你必须得坚强起来，避免反应过度，今后你的一生都得为此而努力。而目前，你能积极地利用这种天赋的途径之一就是关心那些孤独的同学。你的天赋使你能够感受到别人的痛苦。你知不知道班上有哪位新来的同学，或是家里遇到困难的同学？或许你可以邀请他们与你共进午餐，跟他们说一些鼓励的话。你有这样的优点，我对此心存感激！”

如果能同你的孩子分享你自己的天赋以及由此而产生的缺点，告诉他们你是怎样努力在平衡这些缺点的过程中成长起来的，会更有帮助。

在适当的时候，就此事与她的老师进行沟通。让老师知道你的孩子格外敏感，而你正在努力把她往积极的方向引导。建议老师如果知道班上有比较孤独或是新来的学生，可以考虑请你的女儿担任新来的同学的向导。如果老师能够建立起孩子天赋的积极面，这对孩子将是一个很大的鼓舞。

你很清楚你的孩子具有哪些天赋及缺点，随着孩子的长大，这些特点会更加明显。跟孩子聊聊你对她的看法，强调积极的方面，帮助她找到一个拥有类似天赋的行为榜样。这会给她提供一个视角，与她分享你自己的缺点。你的坦诚会让她更有成年人的感觉，使她拥有远见。建议她从现在起就以一种积极的方式利用自己的天赋。随着年龄和阅历的增长，智慧也在增长。在与孩子共度这些未知岁月的过程中，我们的智慧也将与他们一起增长。

7 庆祝

那是一个中学化装舞会，我决定逗逗我读初二的儿子约翰。因为他在班里年龄较大，所以比较放得开，我觉得逗他一下也无妨。于是我穿上了大号男式雨衣，把头发塞进男式帽子里，戴上时髦的塑料鼻子、古怪的眼镜、小胡子，直奔舞会而去！学校的很多女孩子都知道我打算干什么，所以当我邀请儿子跳舞时，她们开始耳语哄笑。屋里灯光昏暗，挤满了跳舞的青少年。而我的儿子根本不知道我是谁，也不知道该怎么回应，所以就接受了我的邀请。最后，随着笑声的蔓延开来，我也不禁大笑起来，他说："哦，不——妈妈，不会是你吧！"

谦虚地说，我成了当晚的话题！换作是我女儿，我可不会这么做，否则会让她觉得丢脸。而在约翰读初一的时候，我也不会这么做。但那晚的效果却很好，而且也创造了一个先例。最近，在英国留学的约翰放假回家，全家都去机场接他。当那趟航班的最后一名乘客走出来之后，我们开始担心了。他在哪儿？我只顾寻找我那金发的儿子，完全没有注意到一个穿着俗气丝绸睡衣、戴着超大号丑陋墨镜、顶着一头黑色卷发的怪人走进了拥挤的大厅，把他的行李推向我。所有人都在窃笑。他与我面对面，说："嗨，妈妈，中计了吧！"你可以想象我当时的惊愕和他的兴奋。

我们家有些人（主要是男性）对冰激凌上瘾。时不时的，我丈夫会说他听见家里的旧车在嘎吱作响，必须得动一动，这是为了车好。于是，在学习的放下书本，干家务的把活儿丢到一边，全家人都挤进车里，直奔本地的冰激凌店大快朵颐。这样做或许有点儿傻，但我们多么需要与家人欢聚啊！

我们需要一起欢笑，一起做些疯狂的事。我的遗憾之一就是全家人在一起开怀大笑的时间还不够多。我们没有一起做很多疯狂的事情，我们把日子过得太严肃了。一个有着青少年的大家庭尤其需要欢笑。这周就去找点乐子吧。不需要花太多钱，也不用耗费太多时间，也不用做什么了不起的大事。去做一些平常不太去做的事，纯粹地找点乐子。

我们希望家里的氛围是快乐的，我们希望家是一个安全、有趣的地方。对于"有趣"这个部分，我们往往需要努力才能实现。但这样的努力是值得的。

我刚才一直在煮鸡，屋里的味道很难闻，让人很不愉快。我得打开窗户，让难闻的气味散去，然后煮上"香味锅"，换一换家里的味道。我知道今后还得这样做，我得不停地调整房间的气味。有时候我注意不到家里的味道难闻，得有人提醒我才行。偶尔我会试着放一个干花盆，代替我的"香味锅"。有时我会选错干花的香型，要么过于甜腻，要么过于厚重，要么透着一股消毒剂的味道。而另外一些时候，我能找到非常合适的。

家里的氛围有可能会带来毒害，有时候，我们需要其他人为我们指出问题所在。在我们试图进行改变的时候，可能会做出错误的选择。消除紧张气氛所花费的时间可能比我们预想的更长。但什么时候做出改变都不会太晚。

第四章 建立良好的沟通

杰布很不开心，是因为他妈妈又开始唠叨关于他女朋友的话题。

“儿子，我得告诉你我为什么担心你跟埃莉交往。”

她列出了几个具体的原因解释她为什么觉得这是一段不健康的关系。妈妈的话音刚落，杰布站起身，攥紧了拳头，尽力控制着自己。他说：“你根本不理解！有很多事你并不知道，这样不公平。你得让我自己做决定。”

说完他就冲出了房间。

让我们面对现实吧！我们有时候确实搞不明白，确实有很多事不知道，还常常犯错。但我们真的渴望能够跟孩子们沟通。在这个孩子倾向于同父母疏远的时期，我们希望能够跟他们保持紧密的关系。

以下几个方面能够帮助我们为在这个棘手的时期同孩子建立良好的沟通奠定基础。

1 良好沟通的基础

培养敏锐的触角

我发现想要了解我的孩子都很难。他们对什么感兴趣？他们有哪些压力？他们害怕什么？他们有哪些梦想？他们的朋友是谁，是怎样的人？只有当我们彼此了解时，沟通才能够加深。

拼车是个很好的调查手段，孩子们常常会忘记你在场。你可以听到一些事情，而这些事情是你跟孩子面对面交谈时无法得知的。而且有时候，别人家的孩子比你自己的孩子更容易开口。车上的时间还提供了一对一谈话的机会。你的听众无法逃脱，你也不会被电话或是其他的孩子及事情分心。尽管我们对于载着孩子东奔西走感到厌倦，但当他们自己拿到驾照之后，我们就会失去这个沟通的窗口。

其他家长可以成为你的信息来源。艾米的儿子拉尔夫不爱说话。你若问他："今天在学校怎么样？"他会回答："还行。"艾米很难得知他的生活里到底发生了什么事。但艾米有个秘密武器，那就是史黛西的妈妈。史黛西跟拉尔夫同班，是个能说会道的孩子，什么都跟她妈妈说。史黛西的妈妈会向艾米提供信息。当拉尔夫在英文课上发表了一些捍卫信仰的激烈而深刻的言论后，史黛西告诉了她的妈妈，她的妈妈又告诉了艾米。当拉尔夫开始同海瑟交往时，史黛西的妈妈把关于海瑟的一切都告诉了艾米。从某种程度上来说，史黛西的妈妈是艾米通往儿子世界的一扇窗户。

如果我们想要理解我们的孩子，就必须花点时间进入他们的世界。护送一次野外训练；观看一次客场比赛；到学校里转一转；到学校当回志愿者，结识老师们；看看学生报纸。(你可能得专门去一趟学校取学生报纸，因为孩子们总是忘记把报纸带回家！)很快，你就能发现孩子们面临的问题。种族冲突、饮食紊乱、喝酒吸毒、赌博……你得认识到，他们面临的问题变化非常频繁。18 岁的孩子面临的问题可能跟 16 岁的孩子面临的问题完全不同。

最近，我同高中学生问题专家克里斯汀聊了聊。她说高中女生最近有自伤的趋势，也就是被青少年称为"切割"的行为。女生们割伤自己的手腕或腿，以便释放精神上的痛苦。虽然这种行为只在一些孩子圈里有成为"趋势"的可能，但这背后意味着有更严重的问题需要引起专家的关注。通常我们对于孩子们的生活中发生的事情一无所知，而这会带来非常可怕的后果。

学习何时开口、何时闭嘴

一天，我正在书桌前忙碌。16 岁的艾莉森在我身旁晃悠。"有什么事需要我帮忙吗？"我问她。

"没什么。"她回答。但她还是在我旁边走来走去。我知道，当青春期的孩子围着你转时，通常心里有事，有时候需要你推一把，他们才会把心里的事说出来。于是，我放下手中的笔，跟艾莉森一起走到沙发前坐下来。

“今晚要去见杰伊了，你感觉如何？”我问道。杰伊是她六个月前在一个夏令营里认识的一个男孩。那天，他到镇上来，想要见见艾莉森。“有点儿紧张吧？”

“嗯，我想是的。”她说。

“这是正常的，”我安慰她，“跟一个数月未见的人约会确实很别扭，想着该聊什么话题也容易让人紧张。”

谈了一会儿，我搂住她，祝愿她当晚的约会能够顺利。晚些时候，她回到家里，跳到我的床上，说：“妈妈，成功了。我们玩得很开心，跟他聊天也很轻松！”

跟 17 岁的费伊共处一室可不那么愉快。她所说的大部分话都是为了激起她妈妈的回应。那个周日，她们一同去教堂，当牧师开始诵读《圣经》时，费伊扭头冲妈妈嘟囔：“我受够这些跟圣经有关的东西了。我对这些基督教的东西没兴趣。”

她那智慧的妈妈没有做出任何回应。两个小时之后，在家长、孩子以及教会青年领袖共进的午宴上，有人听到费伊对一名青年领袖说：“今年我想在学校为基督做点事情。”

有时候，当孩子们发表草率的言论时，我们需要保持沉默。

夏娃和她的父母已经经历了两年的困难期。最终，他们决定去看一位咨询师，希望通过第三方来帮助他们沟通。咨询师给夏娃的父母提出的最难以实施的建议是："对于她所说的大部分内容，你们不要做出回应。不回应能够缓和局势。你们要让她说，然后告诉她，'有意思。你对此有什么感觉？'"

当她的父母照此行动后，他们很快发现，夏娃所说的无非就是那些内容，再没有新的进展，到最后，她自己也意识到了这一点。

对于青春期的孩子，我们需要更多地倾听，更少地指示。这当然很难，尤其是对于天生是问题解决者的父母来说。我常常需要咬紧牙关才能避免为他们的问题指出三个迅捷的解决办法。毕竟，让他们听从我的安排，问题会很容易解决。但这并不是他们需要的。他们需要的是愿意倾听并感同身受的父母。

要想弄明白何时应该倾听、何时提供建议，需要拥有足够的智慧、犯大量的错误。但在不确定该怎么做的时候，我们只需倾听。在适当的时候，我们可以询问："宝贝，你希望我只倾听就好，还是想要一些建议？"有时候，我们得让他们引导。

当孩子们想要聊聊时，他们需要我们全情投入。我们得关上电视（只是静音还不够），放下手中的报纸，从电脑前站起来，直视他们的眼睛。这样才能表现出尊重，才能让他们知道，我们很看重他们的想法。

如果他们不愿开口，我们该怎么办？

放轻松。在一定的程度上，独立意味着拥有隐私。青春期的孩子并不想把一切都告诉父母，他们更愿意告诉自己的朋友。与孩子之间缺乏沟通会很麻烦，如果你之前一直是孩子倾诉的对象，情况就更为严重。但通常来说，这是正常的。不过，如果你的孩子完全与家人或朋友隔离，或是跟不良少年混在一起，你就得小心了。

能够找到更有创意的沟通方式当然更好。雪莉的儿子克雷格不像她其他几个儿子那么愿意沟通，她发现，让克雷格开口说话的最好方式是玩游戏。所以，通常她会邀他一起玩扑克牌或是打乒乓球。她注意到，克雷格在参与到某项活动中时更愿意说话。他对妈妈爱玩的天性给予了回应。

“有没有喜欢上哪个女孩？”

沉默。

“如果你不想说，也没关系。但我好想知道啊，这样吧，如果我赢了这一局，你就告诉我，怎么样？”

幽默在沟通中非常重要。我的儿子约翰不喜欢我询问派对的详细情况，我丈夫也不喜欢向我透露细节，但他知道这对我很重要，所以他勉为其难地照做了。于是我对儿子说：“嘿，我是在培养你将来成为一个好丈夫。你将来的老婆也会刨根问底的，所以现在就拿我练习吧！”这时，他就会转动眼睛，努力地回忆派对的细节。

2 向孩子灌输我们的原则

我们有那么多的原则想要跟孩子沟通，而当他们进入青春期后我们会意识到，时间已所剩不多。我们不能一次性地把所有的原则都告诉他们就完事了。我们应当在生命的整个过程中，通过言语和行动向他们传递这些原则，这一点很重要。我们每人都有自己独特的原则，以下列举的是我们家的原则。

人的品质很重要

我们的文化宣称，成绩和成功是最重要的。要成为最优秀的人，第一个抵达终点。但就生活的整体而言，人的品质才是最重要的。正直、仁慈、尊重他人、乐于助人、快乐、自律以及责任感是我们渴望拥有并希望培养孩子们拥有的品质。我们的孩子会知道我们看重哪些品质，并且在我们有了虚伪的表现时，他们会毫不客气地指出来。

我是否在工作的时候很注意言语文明，而回到家里就言谈失检了呢？

我对待办公室清洁工和对待商业伙伴的态度是否一致？我是否真的关心他？

我同配偶或孩子说话的语气跟同朋友说话一样吗？

我们在教育孩子的过程中，自身必须也在成长。若我们在某一方面能力有限，要勇于承认并采取新的措施加强这方面的能力。对于坦诚面对自身缺点并积极寻求改变的家长，孩子们是愿意给予回应的。

我们自身的失败不会给孩子提供犯错误的借口，尽管他们很容易会说“我爸妈都这样做，我为什么不可以？”。然而，我们一定要认识到，我们的行为（或是缺乏某种行为）会显示出我们看重哪些品质。我们的孩子会因此受到影响。

优先事务最重要

在你成长的过程中，把你学到的东西与孩子分享。不要采取信息轰炸的方式，而是像跟你最好的朋友聊天那样进行分享。随着你自身信仰的发展，你的家里也会发生变化，你就会越发清晰地看到，个人的信仰已经成为头等大事。

如果你的孩子看到你关心他人（家庭成员、邻居或是任何需要帮助的人），他们就可能变得以他人为中心，而不是以自我为中心。有位朋友说，世界上有两种人。一种是处处以“我来了”的态度示人，等着别人上前奉承他；而另一种则以“您来了”的态度示人，努力去帮助他人。青少年在本质上是以自我为中心的，但如果他们不断地被要求向他人伸出援手，如果他们看到你也这样做，他们总有一天会明白。但不要期待现在就能看到成果。你所做的一切都是在为未来打基础。

情感的作用

“我不想去训练。反正教练也不会让我上场的。不管我怎么努力，都是坐在替补席上，听他对场上的队员又吼又骂。反正我今天不打算去了。那不是我需要的。”

或许这个教练不是一个好的行为模范，或许他确实待人不公。但如果你的孩子对这支队伍做出了承诺，他就应该坚持下去。

我们必须知道，生活不能以自我的感受为基础，我们必须学着去做正确的事。作为成年人，我们都清楚这一点。有多少次，我们曾经想要逃离、想要离开伴侣、不再对孩子抱有期望、想要辞去工作，但我们没有这样做，因为我们知道这样做是不对的。如果我们允许孩子任由情感控制行为，就等于害了他们。我们可以允许这些情感的存在，事实上它们确实很重要，但除此之外，我们还应当教育孩子去做正确的事。

“我知道你很失望，有挫败感。我也很难受。在这样的情况下坚持训练固然不易，但既然已经做出了承诺，就得坚持到底。”

抑制住允许孩子退出、跟教练理论甚至请求他让你孩子上场的冲动。孩子在坚持中所学到的，远比获得上场的机会要重要得多。

抑制住指责他人的冲动。如果你的孩子在成长的过程中听到家长把责任推卸在老师、教练、朋友或是因自己不快乐而离开家庭的父亲身上，他就会很快认为他的痛苦不是他自己造成的，而是别人的错，那么他就会真的变成一个不快乐的人。没有任何人、任何事能够让他开心起来。

有太多的家长默许孩子退出，或是把责任推到他人身上，而没有意识到孩子从中得到的讯息是“这不是我的责任，而是别人的错”。

等待的原则

我们生活在一个快速的社会。电子邮件、即时照片、微博、速效药、牛市上疯狂涌现的首次公开募股……我们喜欢迅速的结果，不喜欢等待。即使是作为家长的我们都会觉得等待孩子慢慢地学会服从、克服坏习惯和塑造积极的自我形象是件困难的事。然而，等待是生活的本来面目，如果我们不在孩子小的时候教会他们等待，就等于害了他们。

所以，即便你能够满足他们所有的物质愿望，也不要这样做。让他们晚些得到游戏机和汽车没坏处。让他们按部就班地约会、拿到驾照、进行公路旅行。我们无需催促我们的孩子，并在他们拥有所需的智慧和经验之前把他们推到成人世界里去。人生的大部分时间都在等待，一个懂得了等待原则的孩子会更愿意等到结婚才发生性关系，会更愿意耐心等待升职，而不是通过白领或蓝领犯罪的途径让升职更快实现。

教会孩子这一原则并不容易。他们会很不喜欢你，会指责你像个老古董。但事实是，你在帮助他们为未来做准备。现在他们理解不了，也别指望他们能够理解。

独立决策

这些年，我的孩子独自做出的决定越来越多。这一点至关重要。通常我们会犯这样的错误：要么过多干涉他们，要么对他们放手太早。

杰克的父亲是他最好的朋友，他们每天都会谈心。但18岁的杰克缺乏信心，没有父亲的参与就做不了决定。他的父亲过多地参与了他的生活。杰克需要的是听到父亲说："儿子，我对你有信心。你可以独自做出决定。"

如果杰克做出了错误的决定，他能从中吸取教训。我们都会做出错误的决定，但我们不能因为害怕失败而在做决定时手足无措。我们希望养育出果敢的孩子，而让他们自己做决定是其中很重要的内容。

而简的父母却放弃了。17岁的简挑战了他们的极限，导致他们彻底放了手，让她自己做决定。许多个夜晚，他们都不知道简在哪里。她还常常逃学。有好几次，他们不得不报警。他们在绝望中放弃了对一个未成年孩子的约束，而这个年纪的孩子根本就没有做出明智决定的能力。

当我们决定在多大程度上介入孩子的决策时，有许多因素需要考虑，包括他们的年龄、可信度、过去所做的决定以及眼下的决定涉及哪方面的问题。这并不容易。我们可以自问："这个决定是否会带来终身的影响？"选择打棒球而放弃打篮球不是影响一生的决定，这样的事情可以让他们自己做主。而单独与女朋友或男朋友旅行就可能影响到孩子的一生，因此需要家长的参与。对于读大学还是参加工作，就需要家长和孩子共同决策。（我们在第十章会详细谈这个话题。）

我们需要放手让孩子每一年都独自去做更多的决定。在他们很小的时候，就应当让他们自己挑衣服穿。进入青春期，应当继续给他们独立决策的机会，但此时对家长的考验更大，因为风险相对更高。我们的孩子可能会做出错误的决定并因此而承受不良后果。但他们会从中吸取教训。

3 冲突解决

在一个挤满了青春期孩子的家里，总会发生冲突。这是必然的。我们怎样解决冲突，将取决于家庭的氛围以及我们同孩子之间建立的关系。

凯莉非常愤怒，因为那天是毕业舞会，而她的父母不允许她到一个男生家里参加舞会后彻夜狂欢。

“你们不信任我！他父母都在那儿，什么也不会发生。你们总说我长大了，希望我自己做决定，但你们又不让我这样做。你们真虚伪！我恨你们！”

在这种情况下，最好不要回应，等到事态平静下来再想办法。言语可以造成极大伤害，在怒火中烧的时候很容易说出让我们事后悔恨不已的话。孩子们还意识不到这一点，但我们应当很清楚。所以，更好的办法是告诉孩子："我们都花点时间想想这个问题，等你平静下来我们再商量。"

在你试图解决此类问题的时候，应当明确以下几点。你是家长，有权力说不。这样做可能会让你不受欢迎。有时候，当我们拒绝了他们的要求，他们反而会感到如释重负，但他们永远也不会承认这一点。他们想要自由，但也需要限制。聪明的是在可以让步的时候做出让步。在下一章里，我们会更详细地探讨这个问题，但在解决冲突方面，下面这个图表会对你和你的孩子有帮助。这个表对于婚姻中的冲突解决也有帮助。

冲突解决			
应当关注	**不应当关注**	**对情感的表达**	**对个性的评价**
一个问题	许多问题	"我"的表述	"你"的表述
问题本身	当事人	对事实的观察	对动机的评判
行为	个性	相互的理解	谁输谁赢
细节	大局		

避免使用"总是""从不""每人"等字眼。不要指望孩子同意你的看法。她不可能说："我的天，爸爸，你太智慧了！我欣赏你。"或许未来的某一天，你会听到这样的话，但绝不是现在。

4 冲突预期

考试前一周，我又开始唠叨。儿子不想跟我说话，因为我总是叮嘱他该学习了。我知道他在挑选大学的问题上很危险。而他从来都不会为一场关键的考试而努力复习。这会造成影响一生的后果！现在，他居然在房间里悠闲地弹吉他！唠叨，唠叨，唠叨。这是我们关系的又一个困难周。我如坐针毡，而他已然采取了撤退战术，家里的气氛十分紧张。我对自己说，一定有更好的办法。

在连续唠叨了三个孩子之后，我最终学会了怎样预期考试结果，并更好地应对这一冲突。

在我的那对双胞胎女儿（老四和老五）上高中之前，我已制订好了计划。考试开始前两周，我分别跟她们谈了谈，制订了一份学习时间表。我们谈到了所有的课程。哪门课需要下最大的功夫？哪门课可以少花点时间？我们按照考试时间表为每门课制订了详细的复习计划。在她们的第一个考试季，我监督她们复习的情况，鼓励她们按照计划实施并在此过程中进行适当的调整。制订书面计划并让她们贴在房间里，省去了我很多的唠叨。这也使她们感到更容易掌控时间，而不至于手忙脚乱。到了第二个学期，我只给她们设定了一个日期，让她们在此之前完成学习计划的制订。到了最后期限，她们果然制订出了计划，并跟我一起检查了这份计划，做了一些调整。到了第三个学期，我只是要求她们在特定的日期前完成计划，除此之外，没有任何参与。

这样一个简单的三步训练法很适合我们家：

a. 我和她们一起做。

b. 她们做，我检查。

c. 她们做，与我们分享。

如今，已经是大学生的她们仍在坚持制订考试前的复习计划。我不看她们的计划，她们只会打电话回来，告诉我们她们是怎样完成计划的。

5 痛苦期的沟通

16 岁的瓦莱丽很痛苦，因为父母正在闹离婚，情况非常糟糕。双方都想让她跟着自己生活。但瓦莱丽最终选择同妈妈搬到几千英里之外的城市。这对她们俩来说都很艰难。那儿的环境很不一样，她们感到孤独而沮丧。

瓦莱丽陷入了深深的思乡之情，她告诉妈妈她需要回到家乡，跟朋友们在一起，在熟悉的环境里生活。于是，她回到家乡，跟爸爸一起生活。这对她的妈妈造成了极大的打击。她知道，必须保持与瓦莱丽的沟通。于是，她决定每天都给女儿写信。有时候信里只有几行字："今天我很想你。我没什么新鲜事可说，只想告诉你，我爱你。”有的时候，她会多说一些。大多数情况下，这些信件都得不到回应。瓦莱丽的妈妈说：“那时候，我放弃了对孩子的控制。在信里，我尽量说些关于我自己的事情，而不是打听她的生活。这使她更愿意给予回应。”

瓦莱丽对生活的愤怒及时得到了驱散，母女之间也建立了一种全新的沟通。她们开始分享菜谱等共同的兴趣。慢慢地，她们通过邮件建立起了一种成人般的友谊。现在，瓦莱丽已经开始同母亲分享更加私密的信息。

瓦莱丽的妈妈为我们树立了一个好榜样。有时候，我们能够做的就是有意识地同孩子沟通。

冲突并不总是能够得到解决。问题可能会非常棘手，或许还会导致僵局。孩子可能会生气，我们会感觉很失败。但无论是什么问题，总有一样东西是我们有而孩子没有的，那就是远见。远见是随着年龄的增长和阅历的增多而产生的。远见使我们能够给孩子以希望。

我们或许可以这样对孩子说：“宝贝，我们正在经历一段艰难的时期。我们无法理解对方，甚至彼此伤害。但我希望你知道，我爱你，并且会永远陪着你。我们会挺过这一段。总有一天，我们会成为朋友。”

第五章 设限与放手

“妈妈，我晚上想去爱丽丝家玩。他们新买了一个按摩浴缸，我们打算去试试。”

“爱丽斯是谁，她家住哪儿？”罗伊的妈妈问。

“她是学校新转来的同学，非常聪明，你一定会喜欢她的。”

“她父母会在家吗？”她妈妈追问道。

“应该会吧。别刨根问底了，不会有事的。你为什么就不能信任我？”

对于家长来说，这样的话会让我们非常自卑。这就好像在指责我们否定了孩子个人价值中最核心的精髓。失败的是我们。我们开始结巴，试图为自己辩解，最终磕磕巴巴地吐出一句软弱无力的“我信任你，可是……”。

对于青少年来说，信任问题会出现在许多领域。他们希望得到我们的信任。通常，他们也理应得到我们的信任。但很多时候，他们会把一个包裹着信任外衣的问题扔给我们，而这个问题往往涉及的不只是信任。

这时候，最好这样回应他们：“这不是信任不信任的问题。这是关系到智慧和经验的问题。”

“儿子，”你可以这样说，“假设我得做一个大手术，你希望为我主刀的是一个聪明的医学专业二年级学生，还是一名工作多年的外科医生？我想你会选择那名经验丰富的医生吧。相比较而言，他更能发现潜在的问题，从而加以避免或纠正。即使那名医科学生在班里名列前茅、态度诚恳、信仰坚定、个性无可挑剔，你也依然会选择有经验的医生。那名学生固然有着良好的意愿，但却无法取代经验。正是这位医生的经验和他的履历，让你对他产生了信任。”

同样，家长的智慧和经验会让我们对孩子说“不”，即使孩子的意愿是好的。

如果让我写出信任的公式，我会写下“信任＝智慧＋经验（一段时间内表现出的责任感）”。

17 岁的费伊觉得自己成熟了。在她看来，成熟意味着“我长大了，可以做我想做的事了”。但她的“成熟”表现为对父母不敬、除了自己谁都不关心、不负责任、无视他人的感受并且喜欢惹麻烦。的确，她表现出了一些成长的迹象，但却谈不上成熟。她没有在许多方面表现出自己值得信任。她还没做过多少负责任的选择。

“但是其他人都可以……”这样的说法通常跟“你不信任我”有着密切的联系。这让我们感觉到自己是世上最不讲道理的家长。我们必须认识到，这并非事实。我们可能是少数，但不可能是“唯一的”。然而，即使我们是唯一不同意孩子做某件事情的家长，我们依然得做我们认为最有利于孩子的事情。我们可不是在竞选最受欢迎的家长。现在孩子怎么看我们，可没有二十年之后她怎么看我们那么重要。我们必须坚持用长远的眼光看问题。

那么，我们如何克服防御型的感受，并由此转为更加积极的进攻型策略呢？

我们需要制定一个策略，使我们在合理设限的同时，也能对孩子适度放手。理解以下几个策略点将有助于我们有效地应对"烫手话题"。

策略1　避免两种极端

在我小的时候，总喜欢跟小伙伴玩跷跷板。如果我们的体重基本相同，找到停在半空中的平衡点并不难。但如果我们的体重相差很大，就需要做一些移动调整才能找到平衡。其中一个人可能需要往前移动，另一个人需要往后滑动一些。我们必须避免走极端，否则跷跷板的一端就会坠落在地，把另一端的人从最高处弹落下来。当我们找到了合适的点，能让双方同时悬在半空中停留一会儿，就会激动得不得了。

家里的规矩有点像跷跷板。

在这个跷跷板的每一端，我们都需要避免两种极端：

过度维护他们的自尊和过度管控。

如果我们认为“让孩子对自己感觉良好”是最重要的目标，那么我们就会过度地维护他们的自尊。为了确保孩子开心，我们屈从于他的一切需求。我们不忍心看到他痛苦难过。对我们来说，定规矩很难。或许我们自己就生在一个严格的家庭里。不管我们做什么，在父母看来都不够好，或许我们还受过言语或身体上的虐待。为了不再重复我们自己所遭受的痛苦，我们对孩子极力安抚。如果孩子在某件事情上态度坚决，我们就会屈服。我们似乎无法处罚他们，处罚太让人不愉快了。或许我们的配偶离开了，对孩子冲击很大，我们会为此感到愧疚。“我不想对他太严厉，他最近过得很不容易”成为我们的借口。过度的保护会造成孩子的不安全感，因为在这个家里，掌控全局的是孩子，家长说了不算。

跷跷板的另一端是过度管控。孩子放学一回到家，你就立刻摆出一副教官妈妈或教官爸爸的面孔。

“回你自己屋去，把房间打扫干净！然后练琴、做作业。把你的网球鞋找出来，别到了训练的时候又找不到。把明天要穿的衣服摆好。”

我们在各方面对他们发号施令。我们过度地要求孩子始终举止得体。我们不停地要求他们做这做那，几乎没有多少时候是纯粹地享受跟他们在一起。这种过度的管控也会造成孩子的不安全感，因为他会觉得无论他做什么，都永远达不到你的标准。

想一想你最可能倒向跷跷板的哪一端，采取行动平衡你的行为方式。通常父母双方会偏向相反的两端。在你们抚养孩子的过程中，这样的两极可能会成为婚姻冲突的导火索。当然，这也可能帮助你们在彼此之间实现平衡。当你们需要在跷跷板上寻找平衡时，就得朝着彼此的方向移动。这在婚姻中也同样有效。教育子女的过程可能会在一个健康的婚姻关系中引发冲突，会对一个本已问题重重的婚姻关系造成进一步的伤害。但这并非唯一的结果。你可以采取行动捍卫你的婚姻，朝着彼此的方向移动调整。向年长一些的智慧夫妻或是心理咨询师寻求帮助。你会发现，在你努力地避免育儿极端的过程中，你学会了一些解决问题的技巧，而这些技巧将有益于你的婚姻。对孩子的共同关心可以为正陷于危机中的婚姻带来好处，因为你们有了一个共同的努力方向。

无论我们处于跷跷板的哪一头，重要的是要弄清楚管教孩子是为了达到什么目的。我们希望孩子学会自律，而自律是从父母的管教中发展而来的。我们也希望孩子学会服从父母，他能听到父母说“我爱你”，他可以感受到父母的拥抱。这样，随着他逐渐长大成人，他就会从服从我们转向服从他的信仰，如果他没有学会服从我们，又何以学会服从自己的信仰？

策略2 区分核心问题与非核心问题

我快睡着了，这时，我听见走廊里有人窃窃私语，随后就是一声清晰的撞击，夹杂着从楼梯上传来的咯咯笑声。发生了什么？我知道我们的儿子约翰去参加青年团体的活动，他的姐姐艾莉森开车去接他了。随着噪音的增大，我确信，一定是出了什么怪事。我强打起精神，蹒跚着踱到走廊上，看看发生了什么事。四个孩子正试图把一个沙发搬上楼梯，放到男孩子的房间里。我从未见过这么脏的沙发，况且我的两个儿子所住的卧室还不足十平方米，屋里基本没有多余的空间。

“你们打算干什么？”我问。

“妈妈，这是我们的新沙发！”约翰高兴地回答，“我玩寻宝游戏时在街上发现的。有人把它当垃圾给扔了，但我觉得它跟我们的房间很搭配。”

“可是它太脏了！”我惊呼，“谁知道那上面有没有什么病毒和虫子？而且连坐垫都没有。你们不能把这么恶心的东西放到房间里！”

“妈妈，”我儿子严肃地说，虽然眼睛里还闪烁着狡黠的光芒，“这就是我在青春期的叛逆行为。知足吧你。”

他的话让我哑口无言。脏沙发被搬进了本已十分拥挤的卧室，在此后的三年里，像一座“叛逆纪念碑”一样杵在那里。它的存在让我想到，青春期孩子的家长应该遵循一个重要的原则：区分核心问题与非核心问题。

核心问题是跟个人品质有关的一些问题，如正直、善良、责任感、尊重和自律。核心问题还包括法律中明确制止的一些行为，如谋杀和盗窃，如法律规定 21 岁以下人群不得饮酒等。当我们决定了怎样处理一个问题，我们会认为这些核心问题没有商量的余地。我们不容许孩子说谎，那么这个问题就没什么好商量的。

而非核心问题则没这么刻板。对于怎样处理这样的问题，也没有明确的答案。如新潮的裙子、耳环、腹环、鼻环、蓝头发、文身、凌乱的房间、情绪化、电影、派对和脏沙发。何时应该态度坚决，何时可以放任？我们找不到简单的答案，但有一些技巧可供参考。

对于出生在婴儿潮时期的家长来说，男孩子戴耳环让我无法忍受。我得克服自己的偏见。我可以不喜欢，但我不能把这件事情扩大成为核心问题。

当我的儿子们表现出对打耳洞的兴趣时，我说："行啊，但如果你们打耳洞，我就去弄个鼻环！"

他们知道我真的有可能这么干，那样的话，他们会觉得很丢脸。他们可不想冒这个险，于是就放弃了。

当丽莎在肚脐上打了一个洞之后，她那正统的妈妈说："哦，丽莎，这手艺也太差了吧！"母女俩都大笑起来。这不是什么核心问题。

有时候，核心问题与非核心问题之间存在一条灰色地带。你家孩子的房间是什么样子？收拾房间难道跟人格的培养完全没关系吗？毕竟这也跟自律和责任感有关。这话没错，但在跟青少年相处的时候，我们必须在某些方面做出让步。孩子们小的时候，我们要求他们保持房间的整洁，以此来训练他们。但进入青春期之后，我们可以在这方面放松要求，看不惯就关上他们的房门好了。要记得他们正在经受沉重的学业负担、各种关系的维护以及选择大学等许多方面的压力。总有一天，他们会想起房间整洁的重要性。让他们未来的室友去解决吧。这就是我们所说的灰色地带。这样的问题不会对他们或是其他任何人造成伤害。

孩子年幼时，我们应当要求严格。但进入青春期后，我们得在可以的时候放松对他们的要求。正是这样的非核心问题，为我们提供了放松要求的机会。如果我们不在非核心问题上放松一些，我们就会掉进“过度管控”的陷阱，那么孩子们在核心问题上就会不那么愿意听从我们的意见了。

如果非核心问题有跨越灰色地带、转变成核心问题的趋势，我们该怎么办？这是一个很重要的问题。我们必须划定这条界线。

所有的青少年都很情绪化，女孩子更是如此。通常来说，应对这个问题最有效的办法就是无视他们的情绪化。但如果这样的情绪波动持续数周，甚至对家庭氛围产生了负面影响，我们就得认真对待了。

艾莉森在青春期就有过典型的情绪波动，我们对此选择忽略。但有一度，她连续几周脾气暴躁、情绪化，对弟弟妹妹们的态度十分恶劣。一家人共进晚餐的时间变得很不愉快。她的坏脾气给家庭的氛围蒙上了一层阴影。在一段时间里，我们整个家庭都像是被一个青春期的孩子绑架了。她的情绪化问题越界了。

我和约翰商量后得出结论，他是同艾莉森谈话、让她知道这种恶劣的态度对家庭造成的影响的最佳人选。他挑了个时间，带艾莉森出去，同她谈了谈。后来，约翰告诉我他是怎样完成这项任务的。他告诉艾莉森，爸爸在很多方面都以她为傲，爸爸也理解青春期很难挨，要相信我们会一同挺过这段时期。然后，他向她解释了我们对她的情绪化的看法以及这种情绪化对家庭造成了怎样的影响，告诉她我们期待她做一些改变。当时，她并没有回应说："爸爸，你说得太对了！"相反，在整个谈话过程中，她非常安静。当然，约翰也没有觉得这场谈话有多成功。但此后，我们的确看到了变化。

在上一章里，我谈到过有位心理咨询师建议夏娃的父母保持沉默、不要回应她的言论。这当然是一条智慧的建议，但如果孩子的言论越了界，就另当别论了。

"活着真烦、老师是个笨蛋、你不讲理"等此类言论有时可以忽略。但如果他们说"你这个贱……你这个蠢货"，这就是越了界，变为口头上的大不敬，因而成为核心问题。在这种情况下，就应该立即采取严格的处罚措施。这是人格问题。这样的顶嘴不能容忍——绝不！

在划定界线的时候，你可以这样问自己：这个问题关系到人品吗？有没有可能对我的孩子或他人造成长期的负面影响？我是否能够在这个方面放松对孩子的要求，即使我并不想这样做？

策略3　决定何时以及怎样协商

我们为何如此害怕说不？什么时候应该拒绝，什么时候应该协商？这些问题对于青少年的家长来说非常重要。

在核心问题上不要协商

正如之前所说，这些问题没有商量的余地；它们关系到人品，还关系到遵守法律的问题。说谎是不能容忍的。但如果你的女儿对你隐瞒了她的去向，她说“从严格意义上来讲”她并没有在这个问题上说谎，她只不过没有告诉你全部。那么她是不是就可以逃避处罚呢？等一下。她这是在欺诈吗？谎言的最原始形态就是企图欺诈。她有罪。

我们的孩子必须清楚，“不行”就是“不行”，而不是“或许可以吧，如果你乱发脾气、嘤嘤地哭泣、或是威胁离家出走的话”。如果他们小的时候没有学会这一点，现在就比较棘手了。如果他们总是能够巧妙地操纵父母，这一点就会很难改变，需要花费更长的时间。但做正确的事情永远都不会太晚。为了你的孩子和你的家庭，你必须要严格。要想让孩子获得安全感，他就得清楚他说了不算，你所说的都是认真的，你说到做到。

在可以的时候一定要同孩子协商

你的女儿打电话的时间太长了，作业写不完，睡眠严重不足，家里的其他人也没法用电话。你该怎么办？这时候需要同她协商。选一个合适的时候聊一聊，不要选在她刚挂掉电话或是正在学习的时候。可以这样说："有一个问题，需要我们共同解决。我们希望你在非周末的晚上缩短打电话的时间。"把你的理由告诉她，问她："你觉得我们应该怎么办？"

看看你们是否能够制订出一个双方都接受的方案。如果不行，你就得拿出家长的样子，强制执行你的方案。但如果你们能够一起商量出一个解决办法，会好很多。

处理问题的方式是关键。不要针对个人（孩子），而要就事（打电话）论事。态度要谦和，像跟同事说话那样跟她谈。

调查了解、掌握情况

"周五晚上乔家有个派对，大家都去。我能去吗？"

在你回答是或否之前，最好先掌握一些情况。乔的父母会在家吗？你认识他们吗？那儿有酒吗？派对上有什么活动？（比方说会放电影吗？如果是的话，放哪部电影？）派对几点结束？你的孩子跟谁一起去？

想要了解这些情况，可能就需要给乔的父母打个电话，跟其他孩子的家长聊一聊，调查一下他们打算放映的电影是什么内容。对于一个忙碌的家长来说，要花时间去了解这些情况可能并不容易，但你还是得做。我们会在第七章里进一步探讨如何同孩子的朋友及其父母相处，但你目前首要的任务是了解详细情况。

通常孩子会给你提出一个要求，并且"必须现在就得到答案"。青少年不会提前计划，所以不要觉得有压力，需要立刻做决定。相反，你可以说："儿子，如果你现在就得知道的话，我的回答是不行。如果你能等到我跟你爸爸谈谈，了解一些情况，答案可能会更让你喜欢。"

夫妻应当联合一体

我们的孩子在很小的时候就知道在父母之间，应该找谁去提要求。因此，父母应当联合成为一体。否则，孩子就会投奔最纵容他们的一方，无视更严格的一方。如果你是纵容的一方，尤其应当做一些承诺，告诉孩子："我得先跟你爸爸（或妈妈）商量一下。"如果你是单亲，那么就指定一个你可以向其征求意见的人。

你们之间需要就关于抚养孩子的问题进行更多的讨论，尽管作为青少年的家长，这并不是件愉快的事。要有信心，这只是一个短暂的时期，艰难的讨论会有助于你在婚姻中成长。当你们的孩子进入青春期，你们最好一起制订出管教孩子的策略，而这应当是你能够实施并在必要的时候做出调整的策略。

明确地说出你的期望

“必须做完作业才能去训练。训练结束直接回家，今天不是周末。祝你训练顺利！”

我们有责任确保我们与孩子之间沟通明确。如果你们之间有沟通不畅的可能，那就把你的期望写下来，贴在墙上。我们会有沟通不明的时候，但我们可以通过给彼此写字条的方式加以避免。字条有助于消除家长的唠叨。青少年会有选择性记忆。如果他们有可能忘记做一件事，那就把这件事写在便利贴上，粘在他们的镜子上，作为一种友好提醒的方式。

指明犯了错误应当承担怎样的后果并严格执行处罚措施

制定少量你会坚持执行的规矩，比列出一大堆你无法坚持执行的规矩要重要得多。如果你不能坚持实施你的管教政策，就会无形中给孩子传递这样的信息：“你的行为毫无价值，实际上它们根本不重要，因为不会产生任何后果。”糟糕，这可不是我们想要表达的，但却成了最终传递给孩子的信息。对于倾向于过度维护孩子自尊的家长来说，情况尤为如此。事实上，如果你不严格执行处罚措施，这反而是对孩子自尊的伤害。

确保处罚措施与错误的严重性相符并严格实施

你的女儿比规定的到家时间晚了半小时回来。你说：“行了，你被禁足一个月。”

事实上，她的禁足令可能只会持续几天，直到某一天你需要她去跑个腿儿，或是她遇到了一个机会，需要去做你希望她做的某件事。这样一来，禁足令就被抛到九霄云外去了。

让她在下个周末比往常规定的到家时间再提前一个小时回来，这个处罚可能比禁足更加合理。无论怎样，都坚决执行。

但如果她习惯于不按规定时间回家怎么办？和你的配偶一起（如果你是单亲，那么就找一对夫妻合作）设计一个处罚方案，并且白纸黑字地写下来，“下一次你再迟到，就得……再下一次的话，就得……”等。

确保你的处罚措施合理并且会严格实施。尽管对你来说会不太方便，但从长远来看，跟孩子学习到任何行为都会产生后果的重要性相比，你的那点儿不方便根本不算什么。

让他们去栽跟头，祈祷他们被当场抓住

——不要帮他们摆脱困境

我的儿子克里斯和他的朋友内特正在一个泥池子后面捏泥球。他们觉得向路过的汽车扔泥球会很好玩。我儿子用力扔出第一个泥球，结果恰好砸中了一辆警车的前挡风玻璃！开车的警察一个急刹车，车轮嘎吱一声。他跳下车，揪出那两个彻底吓傻了的男孩，把他们带到了我家门口。

当我打开门，听警察说明了事情的原委，我所能做的就是竭力忍住笑。上帝回应了我的祷告！我们一直这样祈祷：如果我们的哪个孩子在干坏事，上帝保佑他们被当场抓住。

这俩男孩被好好地教育了一番，比如他们可能会引发一场交通事故。他们被禁足一个周末，还得向那位警察写一封感谢信，感谢他当场抓住了他们。他们认识到行为会带来的后果，以及他们能被当场抓住其实是件幸事，尽管当时他们并不愿意。

我们不可能像孩子们蹒跚学步时那样一直看着他们。青春期的孩子并不总是待在我们的视线里，这很让人担心。但我们可以祈祷上帝，让他们在干坏事的时候被抓个现形。就在最近，雷开车带他的朋友在新泽西高速公路上驰骋，他超速了。就在这时，他妈妈的朋友刚好开车经过那条繁忙的公路，看见了他。她把车开到他的旁边，冲他摇了摇手指，示意他减速。他觉得被妈妈的朋友抓到很是丢脸，但他还是减了速。

当你的孩子干坏事被抓住后，不要帮他摆脱困境。如果你的女儿考试作弊被抓住，得了个低分，不要干涉。让她认识到，做了就得承担后果，比让她保持不错的平均成绩、却在不诚实的道路上越走越远更加重要。这是一个核心问题，如果我们帮助孩子摆脱了困境，就等于否定了核心问题的重要性。

鼓励他们独自做决定

“我无法决定是去参加拉拉队还是越野队的选拔”，你的女儿正为此伤脑筋。你可以问问她，这两支队伍分别有什么优缺点，但是一定不要替她做决定。你可以说：“你一定能做出决定。我对你有信心。”

要想成为一个自信且值得信赖的人，就得学会选择。对孩子放手就意味着让他们独自去做越来越多的选择。但如果他们选择失误怎么办？他们会的，你也会。但这也是学习的一部分。在你试着对他们放手的过程中，可以增加在安全领域内你能提供给他们的选择自由。让我们处在青春期的孩子自己选择是否参加一场没有大人监督的派对，可不是明智的做法。因为这样很危险。从另一方面来说，应该由他们自己做的决定，家长不要替他们做。我们可以自问：“这个决定是否涉及安全或道德问题？”慢慢地增加让他们独立做决定的次数，允许他们独立做决定的事情也可以越来越重大。

提醒他们：我们不是敌人；我们是一个团队的

在你设定规矩的时候，记得提醒你的孩子，你是他的队友，会陪伴他度过青春期。你们不是彼此的敌人，尽管他有时候会感觉到你的对立。你们都想为他好。

放手是一个循序渐进的过程。我们双方都要有耐心。一位父亲对女儿说："你希望能够独立，但你试图独立的方式不对。我们的任务就是帮助你找到独立的正确方式。"随后在谈话的过程中，他再次强调了他对女儿的爱和信心。

尽可能经常地说"是"

这一周我们都在陪同从外地过来的朋友，担任导游让我筋疲力尽。此外，我有一篇文章已经过了交稿期，还有一些账单没去付、脏乱的房间没打扫和成堆的脏衣服没洗。我只想有个人把我送到我自己的房间里去打个盹儿！

正当我沉浸于自己的愿望时，我的双胞胎冲了进来："妈妈，我们想邀请几个朋友明晚来玩，可以吗？"

我身体的每个细胞都想要说"不"！但我知道，这件事我应当同意。在这样一个我们不得不经常说"不"的时期，我们必须留意尽可能经常地说"是"。同意他们的要求可能意味着对我们自己的愿望说"不"，意味着得推迟我们自己的计划。如果我们对一个学步的小孩说"不"，这里面并不带有任何情感分量；而对一个青春期的孩子说"不"，就不是那么回事了。尽可能经常地说"是"，能够缓解那些必须的"不"给孩子造成的失落。

刚过去的这个复活节，我的双胞胎从大学里带了一帮朋友来过周末。我一向重视复活节午餐，我喜欢拿出心爱的餐具，铺上亚麻餐垫，装饰家里的古董餐桌，跟全家人坐在一起享受一顿大餐。

当我们做完礼拜回到家时，我早已把一切都安排妥当，就等着好好庆祝一番了。

“天哪，妈妈，天气暖和得反常。我们能不能到外面野餐？”苏茜问。

我说：“把我高雅的复活节午宴变成野餐？门儿都没有！”但随后我就想起来了：在可以的时候说“是”。但我既不想把一顿美妙的午宴变成冷餐会，又想要对孩子说“是”，于是我想了一个妙招：“好吧，咱们把餐桌搬到室外吧！”

我们召集了所有人，拎起来自东方的手织毯，搬起餐桌和椅子。我们把整个派对用品（包括烛台等所有东西）全部搬到了前院里，在那里进行了最不寻常的高雅的复活节午宴。现在，只要天气允许，妈妈的室外餐厅就会是复活节的传统节目。

快速承认你错了

我对孩子们说“对不起，我错了，你能原谅我吗？”的次数已经数不清了。我也记不清有哪一次我是真心想要这样说。大多数时候，我都想添一句“但如果你那样做了或是没那样做……”。通常我会感到尴尬。毕竟，我是当妈的。但我已经学会了请求我的丈夫和孩子原谅，不是因为我想要道歉，而是因为我必须这样做。我们这样做，是出于信念和遵从，而不是出于我们的感受。有时候，受了伤要想愈合需要花费很长时间。但如果我们不去请求或是给予对方原谅，愈合就无从开始。

最近我被莉比惹怒了。我因为一件事情怪罪她，但那并不完全是她的错。每一天我都过得很不自在，感觉很累。但我又很嘴硬。我知道我得道歉，可是我又不想这样做。毕竟，我是当妈的，而且那件事情她也的确有错。但问题主要在我，我得纠正这个错误，于是我走进了她的房间。

“莉比，”我说，“我不该说那些话，请你原谅我。我很抱歉。你能原谅我吗？”

“哦，妈妈，”她回答，“是的，我原谅你，谢谢你来道歉。”

当我们放下身段，寻求彼此的谅解时，愈合得以开始。

第六章 应对“烫手话题”

“你规定的回家时间太早了……我知道（关于性）你怎么想……可我已经学习过了……其他人都去看；不是你想的那样……现在都 21 世纪了——你的音乐已经过时了……可我真的需要；我会把钱还给你的……喝一杯又没什么；你反应过度了……我知道怎么开车……别烦我——我不想谈这事。相信我就行了。”

光是看到这些词句就会使我们陷入沮丧，因为我们没有办法“获胜”。作为家长，我们已经走上了一条碰撞之路。克利夫·史戴普·路易斯曾经说过：“无论你采取多么委婉的方式，一旦触及，就必然会冒犯。”

应对烫手话题势必冒犯到他们。即使在最密切的亲子关系中，都会有很多不愉快的时刻。对于我们这些家长来说，痛苦是双重的；我们希望孩子喜欢我们，可我们并不总是知道我们是否做了正确的决定。要知道，我们一定会做出错误的决定，我们只是凡夫俗子。然而，时间会救赎任何错误、任何失败。在痛苦的时候，我们也必须记得，我们的目标并不是让孩子喜欢我们。我们的最终目的是养育出有责任心、热爱生活的成年人。

在思考烫手话题时，我们应当认识到，这不是跟孩子进行一次谈话就能解决的问题。这些问题具有流动性，需要我们从青春期之前一直延伸到青春期之后不断地同他们谈话。

如果你跳过前面的内容，直接翻到了这一章，想要找到迅速的答案来解决孩子遇到的烫手话题，那你很可能会失望——这一章不能解决你所有的问题。青春期的孩子是美好而复杂的。无论对于青少年还是对于青少年的家长，都没有任何的捷径。你处理烫手话题的方式将直接受到你同孩子之间关系的影响。这种关系成形于你们的家庭氛围，通过你们之间的沟通得以发展，并且受到你已经开始树立的规矩与放手模式的影响。所以，如果你直接翻到这一章来寻找迅捷的解决办法，还不如翻回到第一页，先读一读前面几章。前几章能帮助你为亲子关系奠定坚实的基础，使得你们可以共同应对这些烫手话题。权宜之计通常都不怎么管用！

接下来要谈的七个烫手话题并不是包罗万象的。除了这七个之外，还有许许多多的问题。这里所说的也不是解决这些问题的绝对范本。你可以根据情况进行调整，也可以找到其他有效、创新的办法。对于怎样处理如此复杂的问题，没有人能够拥有终极智慧。

那么我们就开始吧！

1 性

她美貌绝伦，有着浓黑的秀发和一双碧蓝的大眼睛。但我们谈话的时候，她的眼睛里却饱含泪水。

“我真不该和前男友发生那么深的身体接触。我们很久以前就分手了，现在我爱上了一个特别好的人，很讲原则。但我很为我的过去感到羞耻。当时要有人跟我谈过界限的问题就好了。”

“你父母呢？”我问，“他们跟你谈过性的问题吗？”

“我小的时候他们跟我讲过一些性知识，也就这样了。在很多事情上他们没给过我什么指点，比如恋爱时可以亲密到什么程度。我想他们可能是不好意思谈这个话题。我真希望那时候可以有人跟我谈谈。”

跟我们的孩子谈两性话题的确会别扭、困难和尴尬。大多数时候他们并不想谈论这个话题，而我们也不知道如何去谈。但我们必须要谈，而且不能只是简单地解释一下性知识就完了。我们需要在许多年里多次同他们交谈。毕竟，孩子们正受到方方面面性话题的轰炸。性不是一个独立的话题，它涉及承诺、婚姻和生儿育女。我们和孩子都渴望亲密，而孩子会通常会认为性就是亲密。不，性所包含的内容还有很多。我们怎样处理性这个烫手话题，将影响到我们对约会和宵禁等问题的处理。在处理这个爆炸性话题的时候，我们应该注意以下几点。

(1)态度要积极

性使得我们可以和配偶共同享受愉悦并生儿育女。我们的文化要么把性描述成肮脏、下流、低俗、变态、异类或混乱的，要么就是简单地说“这没什么大不了”。如果你很性感，你就是被人渴望的。如果你被人渴望，你就有一定的价值。

在一个贬低性的世界里，我们需要提升性的地位。我们必须确保把性的美好传达给我们的孩子。告诉他们，这是他们可以在蜜月里送给他或她的配偶最好的结婚礼物。这份礼物如此珍贵，因此应当小心珍惜，保留到结婚那一刻。这份珍贵的礼物不能送给其他人。

跟你的孩子谈话的时候，可以这样说：“儿子，这个话题对你我来说都很别扭。但我们还会不断地谈到这个话题。你有什么问题都可以问我，我不会笑话你的，我在你这么大的时候也都有一大堆看似愚蠢的问题，这没关系。”你可以开开自己的玩笑。幽默能够缓和紧张氛围。

(2)找到有新意的沟通方式

我们的每个孩子到了 12 岁左右，我们都会带他们出去过个周末，听詹姆斯·杜布森的《预备青春期》录音带。约翰负责男孩，我负责女孩。这套录音带涵盖了从同龄人压力到性纯洁等几乎所有的问题。我们吃着垃圾食品，一边逛街，一边讨论着录音带里的内容。让第三方代替我们说话，是很有帮助的。丹尼斯和芭芭拉·雷尼出了一套新的录音带，名为《纯洁护照》，非常棒。

当我家的双胞胎女儿苏茜和莉比刚进入青春期时，约翰分别在一个特殊的日子带她们举行了私密的仪式。他分别告诉这两个孩子，她是多么的特别，特别提到她让父亲感到幸福的独特方式。他说，他为她感到骄傲，并且祈祷某一天上天能赐予她一个虔诚的丈夫，爱她，珍惜她。他还谈到了上天通过性结合的方式送给每个人独一的礼物，希望她在婚礼当晚把这份礼物送给她的丈夫。他要求孩子承诺，会等到她婚礼的当晚，把这份特殊的礼物送给她深爱的男人，这份爱会比她对父亲的爱更深。在同父亲一起祈祷的过程中，她许下了这份诺言。随后，他送给孩子一条带有一个小钥匙和一颗心的金项链，象征着在举行婚礼之前她的心都属于父亲。婚礼当晚，她会把钥匙交给她的丈夫。如今，女孩子们戴着她们各自的项链，提醒她们要记住自己对深爱她们的父亲许下的诺言。

我们发现，让正式确立恋爱关系或是已经订婚的情侣签署纯洁契约很有帮助。契约具体如下：我承诺从今天起保护你的道德纯洁直到结婚。因为我尊重且敬仰你，我愿意增强你的内心，不会侵犯你。我保证会以能够使我们双方在上帝和彼此面前保持良知的方式去爱你。

通过签署这份契约，他们就能够与上帝建立一种全新的关系，从而给这对情侣的关系带来巨大裨益。做正确的事情，永远都不会太晚。

(3)传递信心

你可能会问自己，如果我自己在婚前有过性生活，怎么才能让我的孩子坚持如上的标准呢？我该怎么跟他们说？我们让孩子坚持上述的标准，因为这对他们是最好的。即使你自己没能遵守，也并不意味着你的孩子不可以。你愿意告诉他们多少关于你的过去，取决于你同孩子之间的关系。能够说实话当然最好。与他们分享背叛承诺给你带来的痛苦，可能会有帮助。你不需要告诉他们详情。

我们的孩子需要知道我们对他们有信心。有这样一位母亲，她了解各种诱惑和艾滋病的危害，于是她告诉儿子，婚前不应该发生性关系，但如果他实在抵抗不了，一定要戴上优质的安全套。她的儿子听到妈妈的话有些惊愕。母亲无意中向儿子传递了这样的信息：她并不是真的相信他能够等到婚礼那天。

我们的大女儿艾莉森回忆起我在她开始约会的时候对她说的话。“宝贝，”我说，“我希望你知道，会有这样的时候，你对一个男孩产生强烈的生理冲动，这种感觉可能会强烈到让你惊讶的程度。这不是坏事，这是人的本能，是你可以从婚姻中期待的东西。你得控制住这种冲动，直到你嫁为人妇。这很难，但你可以做到。”

我们的儿子克里斯订婚后，一位已婚的朋友马克鼓励他守住贞操。“这事你能做到，”马克说，“当然，这非常难，但你一定行。”在这样一个高喊着“这不可能！”的社会里，马克的话很是鼓舞人心。

但如果已经太迟了怎么办？在我看来，永远都没有太晚。这正是宽恕存在的原因。即使你的孩子已经发生了性关系，也要让他或她成为“全新的自己”。你将如何应对这样的局面取决于你跟孩子之间的关系。但你要一直给孩子以希望。我们会在第九章探讨应该如何应对跟怀孕有关的状况。

（4）利用一切资源

如今，我们在跟孩子谈话的时候，有许多好的资源可以利用。对于高中生来说，青少年工作者亚什和伊娃·阿什本制作的视频《让我们谈一谈》就是一个极好的材料。我在自己家里把这段视频放给一屋子的青少年看，请他们给出反馈意见。有时候，把这样的东西放给一大群人看，比只放给你的孩子看更容易。大家一起看，就没那么别扭，并且能够得到更好的回应。孩子们很喜欢，其中一个女孩还拷了一份放给她带领的高中学习小组看。

如果有其他人愿意帮助我们，那就是无价之宝了。这个年龄的孩子需要从除爸妈之外的某个人那里听到一些事情。

对于我们的青年牧师杰夫，我将永远心怀感激。多年来，杰夫一直把我的儿子们放在教友会里。他们谈论性、约会、色情影像和其他许多的"烫手话题"。我的儿子们都愿意听他的。为什么？因为他不是爸爸，也不是妈妈。

如果你自己曾经历过任何形式的性虐待，在同孩子沟通方面，你可能需要别人的帮助。你的经历不是你的错，受过的创伤总会愈合。丹·阿林德博士写的《受伤的心》会对你有所鼓舞。但你也需要找一名虔诚的心理咨询师陪你一起努力。

2 约会与宵禁

什么时候我该允许孩子约会？如果我不喜欢他们的对象怎么办？约会指的又是什么？是认真的交往，还是出去玩玩，还是闲逛，又或者只是朋友间的交往？想要跟上这个词含意的变化还真不容易。这问题不简单，找不到便捷的答案。但这里有一些指南。

（1）在约会发生之前跟孩子探讨这个话题

在孩子小的时候就跟他们谈论约会的话题。利用电视节目、新闻和婚礼等一切机会跟他们谈一谈约会和婚姻。帮助孩子认识到，约会不是一个孤立的事情。它涉及学习怎样培养一份可以通往婚姻的友谊。

没有这样一个神奇的日子，孩子到了那时候就会自动跟朋友出去玩或是约会。孩子跟孩子是不同的。但总体而言，在 16 岁之前单独跟约会对象出去是很危险的，让孩子再等等没坏处，记住学习等待的重要性。最好以两对情侣一起约会的方式作为开始。

（2）了解孩子的约会对象

当你的孩子刚开始约会时，你一定要是最投入的那个人，要确保你了解孩子的约会对象。你可能需要为此取消你自己的一些安排，做一些调查，尽可能地掌握有关这个约会对象的情况。如果存在巨大的年龄差距，就要格外警惕，跟其他家长或老师谈一谈。随着孩子阅历的增长，你需要慢慢放手，不要像之前那么投入。但一定要了解孩子的约会对象，这一点要坚持。

不要考虑安排相亲，除非牵线的是一位可信的朋友，并且非常了解对方。当今社会的风险实在太大。

（3）规定回家时间

回家时间，可怕的字眼。为什么要规定回家时间？因为我们要保护孩子。午夜之后一般不会有什么好事发生。

设定一个明确的时间。年龄偏小的青少年通常回家时间较早。随着他们年龄的增长，我们可以适当放松要求。对于某些特殊的活动，我们还可以再商量回家时间。当你设定了回家时间并且坚持执行，孩子们就会知道这是家规，争辩就会减少。

可是，我们怎么知道他们是否按时回来了呢？

你得熬夜，一直等到他们回来，听他们讲讲约会的情况。你会很疲惫，但这只是暂时的，更何况有时候，孩子更容易在晚上向你敞开心扉。

有一位妈妈在卧室里设了闹钟，到了孩子回家的时候就会响。如果孩子进来关上闹钟，她就知道孩子到家了。另一位妈妈在女儿的床上睡觉，那么她当然知道孩子几点到的家！

如果孩子的约会对象没有回家时间的限制怎么办？

我们曾经遇到过这种情况。如果他必须按时回家，而她不需要，他就会觉得很尴尬。当时，我是这样告诉儿子的："你就说你爸妈是世上最严厉的父母。"说完我们哈哈大笑起来。他并不觉得有多好笑，但他知道争辩也没有意义，因为这是家规。

我们的孩子在整个高中阶段都有回家时间的限制。在随后的几年里，我们根据情况商量回家时间。现在，他们已经读大学了，放假回来的时候，我会问他们打算几点回家，他们也照做了。这是对我们做父母的体谅。

（4）制定明确的家规

以下是我们家的几条家规。

- 我们总能知道孩子的去向，打算几点回家，以及跟谁在一起。如果以上三点出现任何变化，得给我们打电话。这条规矩对我们做家长的也有着同样的约束力。我们的孩子需要知道我们在哪里，以防随时需要我们。

• 如果对方家里没有大人在场，我们的孩子不能去别人家。在这样一个父母都在离家很远的地方工作的时代，放学后的房子通常是空荡荡的。如果有一个全职家长能够等待孩子放学回来，会很重要。

• 如果没有大人在场，我们的孩子不可以在我们家接待异性朋友。我们在郊外车程一小时的地方有个小农场。我们家一直有这个规定，即使是对于已经念大学的孩子也不例外，那就是在没有大人陪同的情况下不允许带着约会对象去那个农场。否则就等于自己往诱惑的圈套里跳。

• 卧室绝不允许异性进入。在家里给孩子腾出一些额外的空间供他们使用，不要妨碍他们。我们在下一章会详细探讨这一点。

• 我们出城时不会把孩子单独留在家里。即使他们值得依赖，也不行。我们的朋友就曾经这样干过，消息在孩子们中间传开来，结果从附近的中学来了一群学生，直接闯进他们家开了场派对，把家里弄得一团糟。有些孩子可以信任，有的则不行。

• 我们不怕对孩子说"不"。美国南部有个传统，高中考试结束之后，学生们会到海边玩一周，男孩女孩一同前去。在有些地区，这是必须要做的事。一般来说，这只是为期一周的醉酒和肆意的激情释放。最好在他们刚进入青春期的时候就告诉他们："孩子们，你们要知道，我们家是不参与沙滩周的。那不安全，有可能会让你们陷入无法控制的危险环境里。我们觉得应该提前把这个规矩告诉你们。”

对于沙滩周这类的活动，你可以跟孩子商量其他的方案，比方说你可以陪他们一起去，在海边租套房子，让你的孩子和几个朋友跟你住在一起。你的立场可能会让你不受欢迎，但孩子的安全得到了保障。

对男女睡衣派对说“不”。为了不让孩子们开车上路，或是把他们留在父母方便找到的地方，睡衣派对应运而生——在一个晚间活动之后，青少年聚在一个房子里，睡在不同的区域里。但这样是不明智的。这会助长被我称为“虚假亲密”的行为。一起刷牙应该是你婚后才去做的事情。把孩子们放置在一个假装亲近的情境里，会助长错误亲密，会让他们产生彼此比实际上更加亲近的虚假感觉。

虚假亲密的另一个方面可能会发生在家庭度假期间。在你邀请男朋友或女朋友参加一次家庭度假或是家族婚礼之前，要好好地想一想。家庭度假就是全家人的事。邀请约会对象一同前往，会给对方造成自己是家庭一分子的错觉。这就是虚假亲密，会把高中生与约会对象之间的关系推至一个不应该到达的层面，从而导致他们更难分手。

在你实施家规的时候，花点时间跟孩子谈谈这些规矩背后的原因。简单地摆出规矩只会招致反抗。你给孩子设定可以保护他的标准，同时也是在培养他做出明智的决定。他需要知道你为什么做这样的决定，尽管他不喜欢。征求他对这些规矩的建议，并且尽可能地采纳他的建议。这样做能显示出你很看重他的逐渐成熟。但要记住，家庭不是一个民主国家。你仍然是家长。

3 饮酒与毒品

关于饮酒

最近，我在一间教堂对青少年的家长发表演讲。在问答环节，有位家长问道："我们该如何教孩子理性饮酒？"

我稍作停顿，回答说："青少年理性饮酒是一种矛盾的说法。我们无法教孩子理性饮酒。五十个州的法律都不允许 21 岁以下的人饮酒。"

法律的制定是为了保护我们，我们应当是遵守法律的先行者。

因此，我们的家规是 21 岁以下不得饮酒。如果我们在孩子刚进入青春期时就开始同他们谈论这个话题，他们更有可能带着绝不饮酒的承诺去上大学。让这条饮酒禁令成为家里不可商量的规定，能够消除许多麻烦。

近期，美国健康研究所做了一项调查，得出的结论是，每四个孩子中就有一个在 18 岁之前认为家里存在酗酒的问题。

你可能需要对自己提出一些尖锐的问题：你是否有嗜

酒的问题？你家里存了多少酒？若孩子对你的行为提出质疑，你就得如实相告，并且愿意按照孩子的要求，采取必要的措施改变你的习惯。如果父母双方在这件事情上看法有分歧，就会产生矛盾。我们无法控制配偶的行为，但我们可以告诉孩子酒精的危害。如果严重的问题持续不变，就需要求助戒酒互助组。他们那里有针对配偶双方和青少年与酗酒家长的专门项目。这种事你无需独自承担。

那么，当孩子想要参加提供酒水的派对时，你该怎么办？很简单：不同意。提供酒水的家长将负法律责任。警察会突袭派对，拘留你的孩子。如果你在他们刚进入青春期时就执行这项家规，这就不大可能成为一个烫手话题。

可是，对于高三的学生呢？毕竟他们很快就要念大学了。在那儿他们想做什么都可以。我们应当放松要求吗？

或许你的孩子正在读高三，他不喝酒，但也以代驾司机的身份跟着朋友们去了。根据你跟孩子的关系以及他的生活方式，这可能对你来说没问题。但要确保你们双方都知道，在有些州，即使他本人不喝酒，只要提供酒水的派对被警察突袭，他也一样得承担法律责任。

我们虔诚的孩子需要了解躲避邪恶的原则。我们不要做任何可能导致他人失足的事情。如果高三的青少年周三刚去参加了法律研读班，而周五就出现在饮酒的派对上，这会给他试图影响的高一的学弟学妹们传递怎样的信息？

关于吸烟

疾病控制中心做了一个调查，发现在六年级到初三的学生中，每八个就有一个正在使用烟草。关于这项调查，让人警醒的是吸烟孩子的年龄之小，以及他们可以选择的烟草种类之多（香烟、雪茄、比迪烟、丁香烟等）。吸烟容易成瘾，至少对健康有害。吸烟可以发展为吸大麻，甚至接触其他毒品。

那么我们该怎么办？我们的应对方式取决于孩子的年龄、他生活的状况以及我们同他的关系。对于初中生来说，这就是个核心问题，是不能容许的。我们的孩子还太小，无法理解这种行为从长远来看会导致什么后果。相反，如果你对付的是处在叛逆期的 18 岁少年，那么或许就得让它成为非核心问题。随着孩子的长大，我们必须在某些方面放松要求，小心挑选战场。我们可能不喜欢他们吸烟，但对于这个孩子，我们可能还有更严重的问题需要解决，因此不得不选择让这个问题退居二线。

关于毒品

在孩子进入小学的时候就跟他们谈论毒品的问题，在他们进入初中后，继续这样的谈话。谈话是双向的，而不是纯粹的"说教"。问问他们知道哪些有关吸毒的信息，以及他们对毒品的看法，认真倾听。如果你能够始终进入到孩子的生活里，你就更容易发现他们可能跟毒品有关的反常行为。如果你感觉到你的孩子正在尝试吸毒，你必须怀着爱意正面迎击，而且你必须寻求外界的帮助，一个家长是无法独自解决这个问题的。吸毒是一个严重且危及生命的问题，需要专业的救助。首先要进行专门的治疗，然后再通过理解沟通的方式慢慢解决。

4 学习成绩

“可我已经学习过了。你干吗总盯着我！”

无论我们怎么努力，无论我们做什么，都会听到这样的言论。这是青春期不可避免的。我们所做的工作中，唠叨是必不可少的一部分。我们不喜欢这样，他们当然也不喜欢，但我们也不能完全躲避。不过，有几点能够帮助我们在处理与孩子的学习成绩有关的问题时少唠叨一些，多鼓励一些。

在学习方面设定明确的家规

知道接下来会发生什么可以使我们少唠叨一些，因为孩子们会认识到“这就是我们家的规矩”。

我们设定的规矩应该能够帮助孩子在学业方面尽其所能。叶蕊家的规矩是：除非有特殊原因（如参加球赛或上辅导课），否则非周末的晚上不许外出。

莎莉想不通为什么她的女儿总是考不及格。

“非周末的晚上她一般做什么？”我问。

“哦，我不知道。她总是不在家，”莎莉这样回答。

叶慈家的规矩是非周末的晚上，饭点新闻结束之后是不许看电视或录像的。（当然，我们允许偶尔的例外，比方说在全美大学生体育协会的篮球锦标赛期间。）

“可是我所有的作业都完成了呢？”

“太好了！现在你有时间看点儿书了。”

在如今这个年代，我们的孩子越来越感觉不到阅读的美妙和快乐。阅读可以增长词汇量。SAT 口试成绩跟词汇量有着直接的关系。我们迫切需要鼓励孩子多读书，这不仅有助于提高考试成绩，也能够给他们带来欢乐。

那电脑呢？电脑不是有助于教育吗？是的，但它也是聊天室、色情影像和电子游戏的源泉，并且会使孩子远离阅读。制定一条家规，对使用电脑的时间加以限制，并且要清楚地知道你的孩子在电脑上做什么。

我们应该对孩子的作业提供多少帮助？答案是：在他们小的时候多给些帮助，随后逐渐减少。等你的孩子进入高中阶段，他不应该在家庭作业方面寻求太多的帮助。如果他请你帮忙，你可以给他提出一些建议，但不要替他写论文。不光因为这等同于作弊，而且也是一种过度抚养。如果你有好几个孩子，那么就可以制定一个“作业帮助顺序”。老大帮助老二，老二帮助老三，以此类推。这样可以减轻家长的负担，也有助于培养手足情谊。

在孩子学习的时候，给他鼓励。写张字条，告诉他你为他骄傲。给他准备些零食，帮他挑一个适合学习的地方。让他自己决定是边听音乐边学习还是专心学习。你可能得限制他打电话的时间，但最好是在这个问题上跟他商量出一个办法。

当你对第一个孩子立下明确的规矩并坚持执行，后面的孩子就更容易接受，因为他们会知道"我们家就是这样规定的"。

记住，每个孩子都是不同的

没有哪两个孩子是相似的。一个孩子可能比另一个孩子需要更多的调教，一个可能在理科方面出类拔萃，而他的兄妹却在这方面拼命挣扎。你的孩子可能会跟你完全不同，聪明的家长不会在自己的孩子之间相互比较。"你为什么就不能像……"是个致命的说法。这只会让我们的孩子感到"逊色"。

5 开车

拿到驾照应该庆祝！出去撮一顿，来一次特殊的家庭聚餐，办一个派对。这是孩子生命中的一个里程碑，我们要利用一切机会跟孩子共同庆祝。

虽然驾照对孩子来说意味着自由，对我们来说却意味着恐惧。毕竟，我们知道，汽车可能成为一个危险的武器。让我们害怕的不光是我们的孩子，还有公路上的其他司机。

孩子们多半认为开车是种权利，我们得帮助他们认识到，这不仅是一种特权，更是一种责任。

我们的朋友里奇和苏起草了一份合约，让他们的儿子小里奇在拿到驾照之前签了这份合约。我觉得这个主意不错，在这里与大家分享。

驾驶合约

小里奇向爸爸妈妈承诺：

我会遵守一切限速指示。

我开车的时候不会吃任何东西，也不会喝任何饮料。

我不会把音乐开得很大。

我在 12 月 1 日以前不会开车带人[彼得和艾米莉（他的弟弟妹妹）除外]。在此之后如要带人，需提前获得爸爸妈妈的批准。

如果我被抄了罚单，我会用自己的零用钱交罚款。

我只会在获得爸爸妈妈的允许后开车出门。我会告诉他们我要去哪里、何时回家。如果计划有变，我会事先打电话征得他们的同意。

我在开车时不会接打电话。如果有电话进来，我会停到路边接听。如果我需要拨打，也会把车停下来。

当车上坐着的每个人都系好安全带之后，我才会启动车子。永远不超载。

我不可以在未经允许的情况下在 495 和 66 号州际公路、杜勒斯收费公路或其他州际公路上开车。

爸爸妈妈对小里奇说：

在我们同意的情况下，可以对该合约进行修改，添加或删除任一条款。

我们为你的进步以及你一直以来表现出的责任感而骄傲。

10 月 29 日

妈妈签名__________

爸爸签名__________

小里奇签名________

请注意，这对智慧的家长很明确地提出了他们的期望，他们同儿子讨论了每一条规定的原因。另外，请注意，小里齐在被允许捎带除家人之外的人之前有一个月的练习期，这使他有足够的时间提高驾驶技术。我建议你们拿这份合约当作范本，为你和你的孩子也准备一份。

6 金钱

婚姻冲突的一个最重要的因素就是金钱。我们要么太有钱、爱钱却感到无尽空虚，要么没有足够的钱、想要更多的钱并因此感到痛苦。我们必须在孩子小的时候就教会他们打理钱财。我们不仅要训练他们成为好的管理者，也要培养他们经营婚姻的能力。以下几个小贴士可以帮助孩子增强这方面的能力。

（1）训练他们给予、储蓄和工作

鼓励你的孩子开一个独立账户，或是准备一个单独的信封用来装他自己的收入。他应当把所有收入的10%放进这个账户。成为能够决定这份收入去向的人，会感到快乐。还应该开设另一个账户或是另外准备一个信封，用来储蓄。至少10%的收入应该放入这个储蓄账户。对于一些孩子来说，把储蓄的一部分投入股市也可以是个很好的学习体验。

我们的孩子需要了解工作的价值。即使你有能力满足他们的财务需求，也不能要什么就给什么。小心不要给他们过多的零用钱。你在零用钱上的处理方式应当取决于你自己的原则，而不是你的朋友给了他孩子多少钱。鼓励你的孩子把握一切赚钱的机会。这样做不仅是教给他们工作的价值，也是在增长他们的自信。

(2)教他们打理开支

进入高中阶段，孩子应该拥有一个活期账户。他们应当为该账户的收支平衡负责任，应当打理自己每月的开支。要清楚地告诉他们，哪些东西由你付账，而哪些东西得由他们自己付账。最初你得帮他们打理，但之后就得完全交给他们，你只需时不时地查看账户的情况。只有这么点儿钱就教他们理财似乎有点愚蠢，但你教给他们的是一个原则。他们必须学会在小事上诚实，以便有能力承担大事。为他们拥有第一个活期账户而庆祝。告诉他们，你为他们在理财方面的成长感到骄傲。

在我的双胞胎女儿读高中的时候，我们给她们设立了一个置装基金。我们会给她们一定数额的资金，供她们购买日常服装。我们清楚地说明了哪些由她们用这笔基金支付，哪些由我们在基金之外支付。当莉比“非买不可”一件泳衣时，我提醒她这可能得花光她的置装基金。但她坚持买了回来。后来，她又想买一条非常需要的裙子，可是却没钱了。我没有对她说“我告诉过你了”，尽管我很想这样说！我只是说“我很抱歉”。我浑身每个毛孔都想帮她摆脱困境，再给她一笔钱。但我知道我不能。她得吸取教训。我必须接受看到她穿着旧裙子出门时的尴尬。跟她在理财方面吸取的教训相比，我的尴尬根本不值一提。

(3)坚持让他们远离债务

如果你的孩子有信用卡，请把信用卡的数量限制在一张，并且主要用来应急。他们最好只用现金消费，信用卡必须按月全额还款。我可是吃了不少苦头才学会这一点的。有一次，苏茜和我去购物。她看上了一张光盘，想用信用卡支付。我问她："如果用信用卡买的话，你有没有足够的现金去还款？"

"没有，"她回答，"回头我再想办法吧。"

"宝贝，"我说，"很抱歉，但我不能让你买这张光盘。虽然我很想让你买，但作为家长，我有义务教你理财。而这门课里最难掌握的就是你不能寅吃卯粮。除非你已经还清了所有的欠款，否则就什么都不能买。"

她很不高兴，我也不开心，但我们俩都学到了重要的一课。

学会远离债务非常重要，这其中包括向父母、朋友和兄弟姐妹借钱。（用于房屋按揭或者买车的银行贷款可以是个例外，但这离他们还远着呢！）对于青少年来说，他们要掌握的经验法则是："如果这笔钱你在今天之内无法偿还，那就不要借。"

（4）鼓励他们创新

返校舞会和毕业舞会意味着漂亮的礼服、昂贵的晚餐和豪华轿车。但要想让这些活动好玩，并不一定要花大笔的钱。有一回，我的儿子约翰和他的两个朋友决定不把舞伴带到昂贵的餐馆，而是自己购买食材在家里为她们做一顿讲究的大餐。他们关上餐厅的门，放上他们最喜欢的音乐，摆上最好的餐具，点上许多蜡烛，还雇了我家的双胞胎女儿当他们的服务员和洗碗工。我的双胞胎女儿穿上"得到批准"的服装，站在门口迎接客人，说"欢迎光临侍者之家"。这可真让他们的舞伴刮目相看！

(5)谨记家长的同龄人压力

在财务方面，我们很容易受制于家长之间的同龄人压力。我们希望自己的孩子跟朋友家的孩子穿得一样漂亮，出入他们的孩子常去的场合，拥有他们的孩子拥有的东西。毕竟我们希望自己的孩子能够对自己有信心。事实上，我们是希望自己脸上有光。因此，我们需要问问自己："我要向孩子传递什么原则？"

艾米和玛丽安通过教会的青年团体相识并成为好朋友。艾米跟妈妈还有四个兄弟姐妹住在一个很小的三室公寓里。她放学后得打一份工，赚取自己的零用钱。他们家没有度假的条件，能有足够的钱购买日常用品就已经不错了。而玛丽安则住在时尚街区的一栋大房子里。她可以跟父母一起去各地旅游，他们家还有一套别墅。两个姑娘之间的友谊为双方家庭都注入了新的内容。他们认识到，跟友谊相比，物质上的拥有或缺乏并不重要。

与来自不同经济背景的孩子交朋友有助于减轻如此沉重的压力，对于你本人和你的孩子来说，也更加健康。

(6)学会随遇而安

最重要的是，我们想要教会孩子随遇而安，淡然地对待他们所拥有的一切，随时做好需要放弃这一切或是被夺走这一切的准备，而不是把它们拼命地攥在手心。青少年往往会被较量冲昏头脑，从而忽视了知足的重要性。我们要理解他们生活中的这种压力，但也要给我们自己提几个尖锐的问题。

我们在家里常常谈到的话题是什么？我们是否经常说到谁谁很富裕，某某人有多少钱，谁家的房子最大？如果我们说了，我们的孩子就会觉得金钱是最重要的。我们是否因为买不起什么东西或是没有钱去做什么事而在家中抱怨？如果我们抱怨了，我们的孩子就学不会感恩。我们是否指责那些比我们富裕的人，贬低比我们贫穷的人？如果我们这样做了，就是在培养一种挑剔的精神。在上述任何一种情况下，我们都无意识地助长了比较，而不是知足。

7 媒体

电视、电影、录像带、音乐和互联网……救命啊！选择太多，难以分辨哪些是好的，哪些是不好的，哪些是无法承受的。

由于空间有限，这里无法做深入的分析，所以，请把这个当成起点，去做些研究，以便制定你自己的家规。在你制定家规的过程中，要记住，当你的孩子刚进入青春期时，最好在这些方面提出最为严格的要求，当他们进入高中阶段再逐渐放松。

电视

“我没法让他把电视关掉！”

为什么？谁是家长？你就去关上，把插头拔掉，要么干脆把电视机搬走。是的，他会大发雷霆。但你没必要同他吵个不可开交，只要把电视关上就行。如果你已经制定了非周末不许看电视的规矩，这就不是问题了。

孩子看什么，你就跟着看什么。可以问：“这个节目宣扬什么价值观？”同他们就节目内容进行讨论。

有位父亲跟儿子一起看他最喜欢的电视节目，并达成协议：“你只要在节目里找到它所提倡的一个非道德价值之外的其他价值，我就给你一个 25 分的硬币。”儿子得到了很多硬币，但更重要的是，他学会了评价和质疑他所看到的内容，而不是简单地接受。

规定孩子只许看 30 分钟的电视节目，让你觉得问题可以迅速地得到解决。生活发生了变化，问题可以一次性地解决。长期这样做，会使我们的孩子产生不切实际的期望，即生活中的所有问题都能找到快速解决的办法。

不要允许孩子在他们的房间里放置电视机。因为这非但没有必要，而且会加剧问题的严重性。家里有一台电视机就足够了。

电影和录像带

我家一直有个规矩：去电影院看的影片或是租回家的

录像带不能是父母辅导级之外的，除非我们看过或是跟我们有同样标准的其他成年人看过，证明是青少年可以观看的。当孩子进入高中阶段，我们可以做些调整。但限制级的影片基本上是没有理由观看的。约翰和儿子们曾一起观看《辛德勒的名单》（限制级），这是个例外。要记住，我们所看到的画面会对我们产生影响。读到对二战进行描述的文字和看到屏幕上清晰的暴力镜头是有着天壤之别的。有些人可能更容易受到视觉画面的影响。对他们来说，想要抹去脑中的画面是非常难的。如果你的孩子视觉敏感，他就不能像他的兄弟姐妹那样观看某部影片。不要让他感到自己"不如兄弟姐妹"。他很有天赋，能够明智地选择不看那部电影。对于允许孩子去电影院看或是租回家看什么影片，要格外小心。此外，对自己看的影片也要小心。

问问自己："这个节目会对我思想的更新产生怎样的影响？"

当然，我们不想表现得过于消极。现在有越来越多的好电影被制作出来！有些是我们的孩子会喜欢的，有些则更适合全家人一起分享。

互联网

互联网改变了整个世界，并且这还只是个开始。这种改变有很多是好的，也有很多是不好的。接触色情作品的途径如此简单，对我们的青少年是一个严重的危害，特别是对男孩子来说。跟你的孩子开诚布公地谈谈这个话题，跟他们讨论一下色情作品的吸引力和危害。制定明确的家规，任何人都不允许接触任何类型的色情作品，包括大人在内。这永远都是核心问题。如果作为家长的你有这方面的问题，请寻求帮助。

了解你的孩子用电脑做什么。有位母亲发现儿子在电脑上看色情片，于是把电脑搬到了她的房间里，儿子要用电脑的话，就需要到她的屋里。她学会了阻止一些网站的打开，也知道怎样查看浏览记录。这很难，因为我们的孩子通常比我们更懂得怎么使用电脑。找一个精通电脑的朋友帮忙。关键是要跟孩子进行清晰的沟通，坦诚地谈论这个问题。

把大量的时间花在电脑上，可能会产生其他后果。它会妨碍社交互动，我们的青少年不去学习怎样谈话和与人交流。我们养育的这一代孩子很有可能不知道怎样与人交往。看太多的电视和电影也会产生同样的影响。通常孩子们想租一张影碟，邀请朋友来家里看。不要鼓励这种行为。这样他们学不会互相交流。相反，可以让孩子邀请朋友一起吃东西、玩游戏、做运动或是其他活动。让“电影之夜”成为偶尔为之的活动，而不是每周一次的固定节目。

音乐

我们该让孩子听什么样的音乐？我们怎样才能知道哪些音乐是好的，哪些是不好的？我们能否理解那些词汇？这里需要掌握平衡。一个具有音乐天赋的孩子听的音乐带，我们可能会觉得很难听，会觉得很吵。我们听到的是噪音，而他听到的却是不同的节奏。跟你的孩子一起听音乐。歌词写的是什么？他为什么喜欢这种音乐？问问他："歌词给你什么感觉？你觉得它想表达什么？你同意吗？为什么同意或为什么不同意？"

如果你的孩子被一种音乐亚文化所吸引，而你认为它很危险，那就必须采取行动。你是家长，怎样处理这个潜在的烫手话题将取决于你和孩子之间的关系。

尽你所能，让孩子接触优秀的音乐。带他们去听著名乐队的音乐会。给他们买艺术家的光盘。鼓励他们花时间跟年长一些、既信仰坚定又热爱音乐的朋友相处。一位年长的良师益友能够帮助你的孩子学会区分善恶，学会分析什么样的音乐才是合适的。比起你的说教，孩子会更愿意听从他的教诲。

在应对以上所说的这些烫手话题时，要对你和孩子遇到的其他一些问题保持敏感。在这个特定的时期，你可能需要让一些事情成为非核心问题，以便把焦点放到更核心的问题上。要始终保持沟通渠道的畅通。花点时间尽可能地了解孩子的世界和他的个人兴趣。你可能需要把自己的兴趣放到一边，才能有时间做这件事，但这是一个短暂的时期，并且你在其他方面对他生活的了解将影响到你们在这些烫手话题上的沟通。

第七章 利用同龄人压力

我和我的丈夫在西北部地区的一个家庭大会上发表演说。一两百个有着不同年龄段孩子的家庭聚在一起度过一周的时间，谈心、做运动、听音乐、玩一些怀旧的游戏。在这些家庭中，有很多即将进入或是已经进入青春期的孩子。那些尚未进入青春期的孩子家长对于讨论跟青春期有关的话题尤其感兴趣。一天晚上，我们召集了一群青少年，帮助我们成年人收集一些关于青少年世界的观点。

"如果让你们对那些即将进入青春期的孩子家长提一条建议，你会说什么？"我问孩子们。

"别再把青春期说得那么可怕了。你们给我们贴上了一个我们在此之前从未有过的负面标签。如果你们能把青春期描述成正面的时期，我们更有可能不辜负这样的好名声。"他们回答。

同龄人压力、青春期叛逆、青春期权力。所有这一切都能给家长带来恐惧和担忧。但有着这么多"烫手话题"的年岁一定得是可怕的吗？同龄人压力总是消极的吗？我们在这个时期一定要怀有"我们"(家长)和"你们"(青少年)对抗的心态吗？

答案是否定的。同龄人压力很重要。它可能会很难对付，但也并不一定是消极的。如果我们理解孩子的生活里发生了什么，小心应对同龄人影响力的问题，我们可以把处理这个问题的过程变成积极的互动时间。

“我的女儿开始疏远我了。她不再像过去那样跟我聊天了，表现出拒我于千里之外的样子。相反，她对她的朋友却很上心。朋友们的看法比我的话更重要。她会关上房门，把所有的时间都用来给朋友打电话。”

“我很担心我的儿子。我不太喜欢他接触的那些孩子。比起家人，他更愿意跟他们待在一起。他坚持要穿那种又肥又大、看起来随时都要掉下来的牛仔裤。他的外形和举止都越来越不像我认识的那个他了。”

“我觉得我不知道发生了什么，这很可怕。他们的朋友比我的权力还要大。”

“我已经管不了他了。”

到底发生了什么？这听起来不像你的家？如果是，不要灰心。这很正常。

眼下，朋友似乎取代了家长成为孩子生活中最重要的影响。朋友决定了什么是流行的，什么是过时的，谁受欢迎，谁招人烦。

是的，我们可能比他们的朋友懂得更多。但我们必须接受他们所承受的压力以及他们所感受到的冲击。孩子对同龄人的反应可能会很不一样。一些孩子对“那群人”超级敏感，而另一些孩子可能不那么在意。你的一个孩子可能是天生的领导者，而另一个孩子则更喜欢追随别人。13岁的男孩和19岁的女孩与同龄人相处的方式会有天壤之别。

在这一时期，我们终于有机会采纳一种“接受你和你的一切”的态度，而不是“我们对抗他们”的态度。这种态度的意思是：“嘿，我喜欢你现在的样子，我理解你的朋友对你有多重要，我也想要了解他们。”在你的孩子进入青春期后期和迈进20岁时，这样的态度能够为你们之间建立起分享型的两代人友谊铺平道路。

我们可以给孩子提供六件礼物，帮助我们把这种同龄人压力引向一个积极的方向。这些礼物不具有货币价值，但每一份礼物都会消耗你大量的时间和精力。不过，对于这种投资，你绝不会后悔。

礼物1 让你的家成为孩子们的据点

在孩子们的青春期，我买到了一个最为重要的东西，而它只花了我10美元。我在一个旧货市场上买到这件东西，它很丑，又很占地方。它是一个噪音和混乱、失败与愉快的来源。它经常让我很晚都睡不了觉。它就是一个乒乓球桌。

有了五个孩子之后，我很快意识到，需要尽一切力量把家里变成孩子的据点。我们的乒乓球桌放在车库里，因为没有别的地方能够放下它。夏天的时候，车库的门始终敞开着，孩子们把车库当成了娱乐室。到了冬天，他们会穿着外套在那儿打球。

一个乒乓球桌能够吸引孩子，同样，食物也有着这样的吸引力。如果你有其中任何一样，他们就会来！我们开支中的一大项就是食物。

我的朋友维琪是个很棒的厨师。她最拿手的是酵母面包。最近，她对 17 岁的女儿说："如果你放学后把你那帮朋友带来，会有刚出炉的面包等着你们。"结果他们都来了。

我们为什么要让自己的家成为孩子的据点？因为我们能够掌控在自己家里发生的一切，却无法掌控在别人家发生的事情。并且把孩子们吸引到我们家，使我们有机会了解孩子的朋友们。在这个过程中，我们能够通过观察孩子与同龄人的相处，更好地了解我们自己的孩子。

如果你想把你的家变成据点，注意以下几点会很有帮助。

要愿意减少你自己的社交生活。你需要经常拒绝跟你的朋友聚会，以便周末能够待在家里接待孩子的朋友们。这很不容易，但只是一个短暂的时期，是值得的。

要推迟房屋的重新装修。你的沙发可能很脏，地毯需要更换，墙上布满了手印，但最好等等再重新装修。你要营造一个友好、舒适的环境，而不是一个传递以下信息的地方："别把新沙发上弄上泥了；不要伸手摸墙；踩地毯前先蹭蹭你的脚。"

要规定回家时间。这是家规。你只需提前告诉你的孩子："今晚十二点关门。"（或者你跟孩子商量一个其他的时间，但一定要具体到某个点。）"不住在这儿的都得离开，住在这儿的都得待在屋里！"

要说明你的期望。你的孩子应当做好清扫工作。如果你的孩子明白这一点，他们就会知道让朋友帮忙，这样他们就不用自己一个人去忙活。这是关系到孩子品质的问题，跟体贴有关。你可不想一大清早就面对一团混乱。当然，特殊情况下可以适当放松要求（第二天再打扫），但总体而言，你要让孩子们当天完成清扫工作。记住，你培养的孩子将来是要为人夫和为人妻的。体贴的品质在婚姻中至关重要。

要保证在场。这可能会让人觉得别扭。我是跟他们一起玩呢，还是走到一边、不妨碍他们？其实两方面都需要一点。视孩子们的年龄和是否男生女生都有，来决定你应当在多大程度上参与其中。如果你能在聚会开始和结束的时候露一下面，是最合适的做法。

要尝试着与每个客人交谈。这样做是给孩子们示范良好的礼节。在聚会之前，让孩子告诉你有哪些人要来。让他告诉你，跟不同的朋友可以聊些什么。“儿子，我不太熟悉你的朋友撒德。他喜欢什么？我能跟他聊些什么？”询问你的孩子，你能做点什么，好让他的朋友感到舒服。

要制定“敞开门，点亮灯”的规矩。家里昏暗的地下室若是熄了灯关上门，就可能成为诱惑的场所，特别是对于异性来说。告诉你的孩子这是家规，是出于保护他们的考虑。这跟信任无关，而是关系到智慧的问题。智慧的人不会把自己放置于诱惑的环境中。要记住，这是你的地盘。

要陪同孩子熬夜，至少父母双方有一人这样做。把房子交给一群青少年、自己上床睡觉的做法可不明智。你仍然是这个家的主人。你可以给他们一定的空间，自己到另外的房间去做别的事情。你会非常疲惫，但这只是短暂的一个时期。

我的家有必要一直是他们的据点吗？现在是夏天，他们每晚都在我家玩到很晚。我累坏了，明天还得早起上班。是时候叫停了。

“嘿，儿子，你知道我很喜欢你的朋友们过来玩，但我们太累了，得喘口气，你也得歇歇。你们没必要每天晚上都搞活动。明晚（或这个周末）搞个家庭活动吧，就咱们自己家人，不邀请外人了。”

礼物2　花点时间进入他们的世界

我儿子约翰在高一的时候，我参加过他们的学生干部休养旅行。我是以陪同家长的身份去的，跟几名老师住在一个房间。房间的墙壁很薄，能够清晰地听见隔壁女生房间说的话。粗俗的语言，谁跟谁发生矛盾了，哪些老师“太烂了”。虽然当时有点尴尬，也有点惊骇，但也给人以启发。那件事给我打开了一扇通往儿子世界的窗。当然，我也很同情那些老师们！

到你孩子的学校转一转。主动开车送孩子们参加体育活动和演出。正如我之前所说，载着孩子们的汽车是一个巨大的研究室。

在你参加孩子活动的时候，不要带着你的笔记本电脑坐在后排。这样做就等于说：“我只是为了参加而参加，其实并不怎么在意发生了什么，我有更重要的事情要做。”

我儿子的朋友内特在一个单亲家庭长大。他妈妈为了支持他，做出了很多牺牲。当我让他与我分享妈妈对他产生的影响时，他回答说：“尽管妈妈需要很早起床去上班，但她还是去看了我的球赛。我记得有一次，她在高峰期开了两个小时的车，就为了去看我的比赛。那场比赛甚至对整体的名次没有什么影响。除她之外，只有三位家长赶到了现场。她的出现让我感到安全、自信和安慰。”

礼物3 了解他们的朋友

我儿子约翰对我说："妈妈，让贾斯汀到咱们家来吧，这很重要。他从他父母那儿得不到什么鼓励。他是个艺术家，可他的父母却不理解。你能不能让他带一些画作过来给你看看？"

我意识到，儿子想要告诉我的可远不止这些。他其实是在说："花点时间跟我的朋友相处，有兴趣了解他们，问他们一些问题，拉近跟他们的关系，为他们喝彩。"

有时候我们不知道怎样同青少年聊天。但我发现，从"日程安排"和"人际关系"这两个角度去思考，会有所帮助。每个人都有自己的日程安排，并且有着自己的人际关系。你可以针对这两个方面向他们提出很多问题，比方说，这学期你感觉哪门课最困难？（日程安排问题）周末喜欢跟谁一起玩？（人际关系问题）如果我们只是问："今天过得怎样？"可能只会听到"还行"俩字。但如果我们学着问一些他们无法用一两个字回答的问题，就能够了解我们的孩子和他们的朋友。

跟你孩子的朋友打成一片。我家双胞胎的两个朋友，莎拉和苏西到我家的沙滩别墅来玩。我们一起度过了愉快的几天之后，她们得走了。那天一早，我溜出去打开苏西的车门，把一只臭掉的死螃蟹藏到她的车里。你可以想象她们打开车门后的惊愕样儿。我们都笑得前仰后合。但“战争”由此开始。几周后，这俩姑娘来我们家玩。那天晚上，我和约翰准备睡觉的时候，发现床上不仅床单没了，而且还被洒上了厚厚的一层老湾蟹粉！啊，遭报复了！

如果我不喜欢孩子的朋友怎么办？

如果孩子交了我不喜欢的朋友，我该怎么应对这种局面？答案是：千万小心。青少年很多变，但在朋友和你的问题上，他们也是非常忠实的。要想找到最智慧的应对方法，请考虑以下几个问题。

我家孩子今年多大？小一些的青少年，特别是女孩子，换朋友的速度非常快。所以静静等待，祈祷这段友谊赶快过去可能是最精明的做法。

我家孩子的个性是怎样的？比方说，在这个阶段，我的孩子像条变色龙一样吗？变色龙会根据环境的不同而更换身体的色彩，以便融入环境。孩子的个性和价值观是否变得跟她的朋友一样？她是否过度依赖她的朋友？接下来的问题是，我的孩子是一个追随者还是一个领导者，是影响别人的那个人还是受到别人影响的人？孩子的年龄、个性、成熟度以及跟你的关系都将决定你该如何处理这个棘手的问题。没有一刀切的答案。

但是，我怎么知道我是否该介入呢？我们必须防止反应过激。对孩子放手的一部分就是让他们自己选择朋友。是的，他们会犯一些错误。但通常一段时间之后，这段关系就会自行结束。

问问你自己，这段关系是否影响到了孩子生活中的其他方面、他跟其他人的友谊、他的学业、他跟兄弟姐妹的关系、他跟父母的关系、他的饮食习惯、睡眠习惯？这是一段占有式的关系吗？跟孩子的老师谈谈，跟了解你孩子的其他家长谈谈，听听他们的看法。

跟你的孩子谈谈。挑一个双方都合适的时间，问他："儿子，跟我说说你欣赏这个朋友的哪一点？"做好长时间倾听的准备。坦诚地说出你的担忧，但不要太过于批判他的朋友。要使用这样的语句："我很担心……我能感觉到他心地善良，但是有点儿……我担心的是……"

如果分析、倾听、观察、收集信息工作都做完之后，你还是感到有危险，那就得采取行动了。毕竟你是家长。

如果孩子刚进入青春期，那么就很容易采取行动。从幕后下手，让你的孩子参加一些这个朋友不参加的活动，请求学校给你的孩子调换班级，鼓励你的孩子跟其他可能成为朋友的孩子一起玩。但如果你的孩子比较大了，就会困难很多，因为你不能过多地介入他的生活。

坦诚相告总是最好的策略。向智慧且虔诚的成年人征求建议。跟你的配偶就采取哪些行动达成一致意见。如果你是单亲，找一对夫妻帮助你制订一份行动计划。你可以这样对孩子说："儿子，我觉得你和唐的交往不太健康。因此……"（说清楚你的期望。）"我知道这对你来说很痛苦；

他是你的朋友。我们也不想这样，但你是我们的孩子，我们爱你。作为家长，我们必须做对你最好的事。因此，我们希望你不要再跟他接触了。”(说清楚你具体希望他怎么做：是完全断绝来往，还是只能在我们家里一起玩？或是只能在什么时间一起玩？)

问问你的孩子，他是否愿意让你帮他想想怎么跟他的朋友谈，或者是否应该跟他的朋友谈。可能他不想让你帮忙，这也没什么。如果这段不健康的关系是在异性之间，那么采取行动越早越好。

在极端的情况下，不要害怕采取激烈的手段。我们有对朋友把女儿转到了另一所学校，因为她在之前的学校跟一个群体走得过近。尽管之前的学校对他们家的其他孩子来说很好，但这对明智的父母意识到，这个孩子交的朋友有害，她已经深深地陷了进去，需要有人拉她一把。这个选择固然不易，既不方便，又需要全家人都做出一定的牺牲，但却是个正确的选择。现在，两年过去了，他们的女儿足够自信也足够成熟，能够重返原来的学校继续她的学业。

如果我的孩子没有朋友怎么办？

有些人需要很多朋友，有些人则只需一两个朋友，我们每个人都是不同的。重要的是不要把我们自己的友情需求强加在孩子身上。她可能满足于只有一个亲密的朋友；而他则可能天天跟一帮人混在一起，把我们弄得筋疲力尽。

如果你的孩子看起来没有朋友，请祈祷他可以交到好朋友。你可以主动采取一些行动，比方说问问他的老师，哪个孩子可能是你儿子的好朋友。在这方面，老师能帮很大的忙，因为他们看待孩子的方式跟我们不同。你也可以安排一项孩子喜欢的活动，比方说去看场表演，多买一张票，让孩子带个朋友一起去。对于性格羞涩的孩子来说，让他邀请朋友听场音乐会或是看一场几乎已定胜局的体育赛事，可能会比只是邀请一个可能成为朋友的人到家里玩更容易一些。

青少年需要培养同性友谊。如果你的女儿似乎只跟男孩子交往，而没有一个亲密的女性朋友，你就得小心了。这样是不健康的。要想同异性建立起健康的关系，我们首先需要学习怎样培养与同性的深厚友谊。女孩们需要女性朋友；而男孩们需要男性朋友。

礼物4　结识其他家长

我儿子的朋友打算在她家里办一个男生女生派对。他们要把灯光调到很暗，然后跳舞。这让我感到很不舒服，因为这些孩子才刚上初一。我知道她家跟我们的价值观并不完全相同，但我不知道该怎么做。我儿子很生气。“其他人都会去的，妈妈，不会有事的，”他拼命劝我。

"我现在没法给你答案，儿子，我得想想。"我回答说。

我不太了解这位母亲，我不想给对方留下偏执狂的印象。我想通过一种她能够理解的方式跟她讲道理。于是我决定从我们共同的立场出发去跟她谈。

我给她打了电话，说："我想跟您谈谈孩子们打算在你们家办的那个派对。孩子们刚进入青春期，我觉得我们做家长的如果能经常聚在一起聊一聊，可能会是个好主意。我很感激您愿意招待孩子们。可是，我在想，如果我们现在就让他们搞这些男生女生的活动，等他们到了高中，还有什么新鲜的事情可做呢？您觉得呢？"

我们讨论了各种可能的结果，最后她也认为孩子们还没到举办这种活动的年龄，并且认为我们这些做父母的应该断然拒绝他们的要求。其他家长可能没有仔细思考过孩子们提出的要求。我们无需使用陈词滥调，也能够与他们接近。可能这样的做法并不总能得到积极的结果，但是值得一试。

我的朋友凯特接到了另一名初一学生家长的电话。

"我女儿每天回家都会跟我提各种要求，说其他孩子的家长都允许他们做那些事。我觉得最好找几个家长聚一聚，谈谈孩子们的问题。我们打算下周抽一个晚上在附近的哪个餐馆聚一下。如果有其他家长感兴趣，请他们也都过来。"

就这样，一些有着同龄孩子的家长们开始了定期的聚会。对于一位带着女儿过日子的单亲爸爸来说，这样的活动尤其鼓舞人心。家长们对于怎么处理某个问题常常产生分歧，但重要的是，他们能够彼此了解并建立起联系。这样的联系让他们更容易给彼此打电话，说："你知道孩子们这周六的安排吗？"这样的团体可以成为家长之间建立友谊的一个很好的途径。

家长们的聚会能够对付"没有任何办法"的问题。在我们讨论这个问题的时候，请记住，青少年在本质上都是以自我为中心的。这个年岁正是他们希望家长"哄我开心，给我找乐子，满足我的愿望"的时候。我们很容易被他们"给我找乐子，否则我就给你们捅娄子"的小威胁给吓倒。枯燥不是罪，并且我们也没有义务给他们找事情做，好让他们不去惹麻烦。是的，可以给他们找点好玩的事情做，但不要止步于此。让你的孩子做些有意义的事，给他们提供一个可以为社会做些改变的视角。有些孩子具有创业精神，那么就鼓励他们把眼光放远，想出一些有创意的方式来为社区做点什么。

如果他们说："可是我所有的朋友都可以……"怎么办？

弗吉尼亚州里士满的一所有名望的私立高中有 110 名学生毕业，其中 90 名毕业生参加了一个一些家长共同为他们举办的派对。当这个派对被警察突袭时，现场发现有五桶啤酒。警官对学生们做了酒精检测，发现 90 名参加派对的学生中有68人喝了酒，一些学生的呼气酒精检测数值高达200 mg/100 ml。(如果你在开车时被检测的数值达到80 mg/100 ml，就会被认定醉酒驾车。)66名学生和9名家长受到指控。这个案件的检察官声称，指控关于"参加派对的个别未成年人非法持有并饮用酒精；成年人协助并教唆未成年人非法饮用酒精，并促使未成年人犯罪"。

这些学生是该社区的领袖人物。他们的父母也都是受人尊重的领袖人物，精英社交圈中的活跃分子。

那么为什么有20名学生没去参加那个派对？他们受到邀请了吗？应该是的。他们想去吗？估计也是肯定的。毕竟这是他们那一代人的社交活动。如果你是他们的家长，你会怎么说？如果那天发生了因酒精导致的事故并造成死伤怎么办？如果真的发生此类事件，整个社区会有怎样的反应？

我相信举行这个派对的家长们很爱他们的孩子。我相信他们也希望把孩子养育好。我相信他们也为孩子感到骄傲。但是他们的决定是明智的吗？当然不。那20名没有参加派对的孩子及其家长做出了艰难却明智的决定。是的，那些参加了派对却没有喝酒的孩子表现出了胆识。但我们必须问一句：他们的在场让这项非法活动得到赦免了吗？问题很难，没有简单的答案。

孩子们会无数次地说出"其他人都可以……"这样的话。我们得自问，这能证明这件事是正确的吗？

礼物5　鼓励孩子与其他成年人建立友谊

我们的朋友道格一直对我儿子克里斯很上心。道格是个很有远见的人，总能跳出常人的思维模式去看问题。他尤其擅长向青少年提出一些很好的问题并且同他们互动。克里斯经常打电话给道格，向他讨教。大多数情况下，克里斯会听从道格的建议，而若是我们对他提出同样的建议，他却不会接受。为什么？因为对他提建议的人是除爸爸妈妈之外的其他人。

除家长之外的其他成年人能够在青少年的生活中扮演重要的角色。我们无法仅凭自己的力量抚养孩子长大。我们需要别人来帮助我们。鼓励你的孩子同热爱生活的其他成年人接触，并且你也要愿意以同样的方式融入别人家孩子的生活。这并不是什么难以实现的幻想。

当克里斯读公立高中的时候，他曾在家长教师协会(PTA)的一次会议上就家庭生活的一个问题持坚定的少数派立场。当一些家长听到克里斯的发言时，他们甚至还对他喝倒彩。这太让人吃惊了。几天后，克里斯收到一封来信，写信的是一位母亲，她也参加了那次会议。她在信中说，她很为克里斯仗义执言的勇气而骄傲。克里斯知道我们也以他为豪，但我们只不过是他的父母。而这位女士则是一位陌生人。至今，克里斯还保留着那封信。一个有爱心的成年人写的一封简简单单的信，给一个十几岁少年的生活带来了巨大改变。

礼物6　训练他们成为合格的朋友

对于青少年来说，痛苦的最严重的缘由之一就是小团体。它几乎影响到了孩子们生活的方方面面。近期的高中枪击事件告诉我们，感到被排挤可能会引起致命的暴力。

我们需要向孩子强调，每个人都是平等的。我们没有理由自命不凡。问问你的孩子和他的朋友们，他们觉得怎样才算是一个合格的朋友。

我们列出的要点包括：

- 不在背后说别人的坏话。
- 互相打气（今天对别人说句好听的话）。
- 彼此原谅（当你说了伤人的话或是做了伤人的事，请求你的朋友原谅你）。
- 鼓励对方考试不作弊，不对父母撒谎。
- 不对朋友过分占有（与其他人分享你的朋友）。
- 向他人伸出援手，而不期待对方回报。（你觉得班上哪个同学很孤独、需要你的帮助？）

我们的孩子能够发现我们看重什么。如果我们有很亲密的朋友，他们就更有可能结交密友。最近，我跟我的妹妹弗兰以及她的十位密友出去玩了个通宵。她们每个人都育有青春期的孩子，都面临着养育子女的艰难挑战。这十位女性认识彼此的孩子。她们相互帮助，对彼此的痛苦感同身受，为对方提供支持。有这样一支妈妈团，是孩子们的福分。孩子们知道，妈妈团中总有人在盯着他们。有时候这会让他们很恼火，但在内心深处，他们因此而产生了安全感。

我们需要不同类型的朋友。年长一些的朋友使我们拥有远见，年轻一些的朋友使我们头脑清醒。我们需要结交不同经济背景和不同种族的朋友。不同的友谊使我们能够更好地感受生活中真正重要的是什么。我们的成长能够更全面、更深刻。如果孩子们看到我们这样做，他们也更有可能与不同类型的人交朋友。

如果朋友让我们和我们的孩子失望了，我们该怎么办？

朋友肯定会让我们失望，我们也会辜负他们的期望。我们都是平凡人，会彼此伤害。因此，我们必须第一时间请求对方的原谅并原谅对方。

我们永远都不能放弃我们的朋友。

艾莉森的朋友艾米的家庭生活很不幸。她的妈妈是位单亲母亲，努力地满足四个孩子的需要。尽管孩子们给她带来了许多挑战，但她始终深爱着他们。高二时，艾米开始参加青年团体。尽管她很聪明，但在班上却是个后进生。后来，家庭困难和不健康的恋爱关系影响到了她的学业和道德意志。高中毕业时，她未婚先孕了。艰难的几年过去了，艾米挣扎着独自抚养她的孩子。但在这期间，她又回到了校园，努力读完了大学，后来又嫁给了一个很棒的人，现在在青年教会里工作。

生活永远不会放弃我们。

第八章 事与愿违时要寻找希望

1 米西的故事

这周终于过完了。把五个孩子安顿到学校，费力地看完“返校”信息册，决定再给那个“不可理喻的老师”一次机会，与忧心忡忡的孩子一起祈祷，决定了哪个孩子在什么时候可以拥有自己的车。九月可真难熬啊！终于到周五了。首场球赛已经结束，读高二的米西待在家里，筋疲力尽的父母已经睡下。

一阵刺耳、持续的电话铃声把这对父母从香甜的睡梦中惊醒，这将永远地改变他们的生活。

“起初我还以为有人过世了。”简回忆说。接电话的是她的丈夫唐，他当时没有说太多话，但语气极其严肃。挂断电话后，他扭头看着简，说：“出事了。山姆刚打电话来，说他女儿凯莉告诉他，米西怀孕了。她已经约了明天去做流产。”

简完全不相信她听到的话，高声笑了起来：“不可能！她都没有正式交往的对象，最近的一个还是夏令营的一位咨询师。并且，她知道什么是对的，什么是错的。”可是，唐却对这个消息深信不疑。

“我们把米西叫醒，让她来跟我们谈谈。当她睡眼惺忪地走进我们的房间，我的心怦怦直跳，我觉得我紧张得都要吐了。当我们把听到的告诉她时，她没有任何反应。非但如此，她还告诉我们，是有人造她的谣。我想相信她，但唐没有停止这场审问。最后，她放弃了，说：‘好吧，是真的。’

“我觉得像是有人冲着我的胃给了我一拳，”简回忆说，“我能看出来，唐在拼命地控制自己的情绪，努力地保持冷静。我们把她拉到身边，让她继续说。但当时，我们并没有得到太多的信息，我们都到了崩溃的边缘。我们只是告诉她，我们有多爱她，会一直陪伴着她。我们让她保证第二天不去做流产。我俩决定给一个在危机孕育中心工作的密友打电话。

“虽然我们试图入睡，却怎么都睡不着。跌宕起伏的情绪让我们无所适从。这一切是怎么发生的？我们怎么一点儿迹象都没发现？我们哪里做错了？我们到底该怎么办？这会对我们的其他四个孩子产生怎样的影响？而这诸多问题的核心，是我们感受到的巨大的钝痛。事情本来不应该是这样的。”

第二天一早，他们开始了很长的一段旅程。他们花了好几个月的时间为米西和全家人寻求心理咨询，约见了学校的许多相关人员，同朋友和家人进行了多次泪流满面的谈话，做了许多艰难的决定。简和唐发现，并非每个人都愿意理解他们或是提供有用的建议。他们不得不任由一些人妄加评论，忽略个别人的过激反应。

“米西选择把孩子送给一对很棒的夫妻抚养。如今，当我们去看望我们的外孙，看到他的养父母和小妹妹时，已经走出了艰难的局面，最终皆大欢喜。”

现在，米西已经是大学三年级的学生了。她回顾过往，说：“尽管那段时间对我和我的父母来说非常可怕，但如今我们之间比过去任何时候都更加亲近。在这件事发生之前，我对父母并不是很诚实，但现在我觉得任何事情都能告诉他们。我不需要向他们隐瞒什么。我们一起经历了太多。”

2 麦可的故事

萨莉最拿手的巧克力碎片曲奇就快要烤好了。烹饪总能给她带来快乐，但今天，她的快乐中掺杂着一丝不安。她知道丈夫吉姆在为他们 18 岁的儿子麦可担心。最近一段时间，麦可回到家里总是对他们爱答不理，一副拒人于千里之外的样子。他不想说话，晚上回家的时间越来越晚，对他做的事情异常保密。他交的新朋友也让父母感到很不安。但他是个好孩子，一家人也一直很亲密。“吉姆可能有点反应过度了。”萨莉这样推论，一边把更多的曲奇放进了烤箱。

警察局的一通电话击碎了萨莉的幻想。麦可和几个朋友去听一场演唱会，在那里买了大量的大麻。他们离开演唱会的时候已经开始喝酒。一名警觉的警察看见几个孩子一边开车一边喝酒，让他们把车靠边停下，拘捕了他们。现在他们几个都在监狱里，一整夜都要待在那儿。

这件事让萨莉措手不及。

而吉姆却既难过又如释重负："这就像是知道自己会死，但不知道是哪种死法，现在所有的怀疑和神秘都消除了，我们只需要应对眼前的状况。"最初，吉姆和萨莉都很生气，气儿子辜负了他们的信任，气他对他们撒了那么多的谎，气他不珍惜他们给予他的和为他所做的一切；但除了这些之外，还有愧疚感："这事为什么会发生在我们身上？我们哪里做错了？"

吉姆和萨利表达悲痛的方式很不一样。萨莉选择哭泣，而吉姆却越来越喜欢独处。萨莉总想待在床上，悲伤让她的身体非常疲倦。但在这样的痛苦中，他们做出了一个共同的重要决定。

"我们不能让这件事毁了我们的婚姻。我们不能让这场危机对我们产生这样的影响。这件事造成的危害已经足够大了，我们不能让'我俩'也成为牺牲品。"

当麦可被抓起来之后，吉姆立刻拿出了"搞定这件事"的架势，努力地寻找最好的心理咨询师。一位智慧的咨询师明确表示，麦可的问题比他父母想象的还要严重；他从14岁起就开始酗酒和吸毒，这件事没有什么“速效”的解决办法。麦可被送往一家戒毒医院，在那里住了三十九天，随后又在为已戒毒者重返社会设立的过渡屋住了五个月。全家人都开始接受心理咨询。

最近，我们同麦可和他们一家进行了一次旅行。在旅途中，我们为麦可的生日和戒毒成功近九年举行了一个庆祝会。当我问麦可对他生命中的那段危机期和随后的这些年怎么看时，他很快回答：“那些警察把我抓住的时候，我知道我有大麻烦了。但与此同时，我意外地感到了一种轻松。我的秘密暴露了，再也不用隐瞒了。那一刻是康复的开始。”

3 克里斯蒂的故事

“克里斯蒂一直非常坚强，”她的妈妈说，“我从来都没有想到她会遇到饮食紊乱的问题。为什么呢，因为我记得我俩曾经坐在餐桌前嘲笑我们看到的一篇文章，那篇文章说有相当高比例的女运动员患有饮食紊乱症。我俩都笑得前仰后合，说‘这事绝不会发生在我们身上’。可事实证明，我们大错特错了。”

克里斯蒂是德克萨斯州排名第二的网球单打运动员，

全国的一流大学都向她伸出了橄榄枝。弗吉尼亚大学最终俘获了她的芳心，她打好背包，向"北方"进发。

克里斯蒂是极其守规矩的孩子，刚入校的时候就决心要在运动、学业和社交方面成为出类拔萃的学生。和大多数新生一样，她开始长胖了。女生们开玩笑地称之为"新生15"，指的是学生们在入校第一年通常会增重15磅。当克里斯蒂意识到她很快就长了5磅时，她决定加大运动量，训练成为她每天的焦点。一想到食物，她就觉得难受。到圣诞节时，她的体重已经下降了很多，放假回家时很多人都称赞她看起来很漂亮。受到他人肯定的鼓舞，克里斯蒂又加大了训练量，并且吃得越来越少。当她的妈妈苏去学校看她打春季赛时，克里斯蒂的一些队友把她拉到旁边，说他们很担心克里斯蒂的体重。有人说她可能患上了饮食紊乱症。教练告诉苏，暑假期间克里斯蒂一定不能再瘦了。事实上，她需要的是增肥。

苏感到很担心，决定跟女儿谈谈。除了母女关系之外，她们既是网球搭档，又是朋友，因此她们之间一直是无话不谈的。克里斯蒂说她不觉得自己有问题，但她会注意的，她也不想患上饮食紊乱症，相信自己能够控制。苏对这次谈话感到很满意，于是就告诉教练，她能保证克里斯蒂在暑假期间不会继续瘦下去。

但事情可没这么简单。克里斯蒂给一些人上网球课，没完没了地锻炼。她的性情变得暴躁易怒，一点点小事就能让她大发雷霆，而且不让妈妈跟她谈与饮食有关的话题。紧张气氛笼罩着这个曾一度充满欢乐的家庭。

“我看着自己坚强的女儿变得像一个脆弱无助的流浪儿一样，可又没办法帮她。那真是个可怕的夏天。”苏回忆说。

秋天到了，克里斯蒂回到了学校，网球教练菲尔看了她一眼，便把她送到了学校饮食紊乱诊所的治疗师那里。在这儿，她听到了令她震惊的话：“克里斯蒂，你患上了一种叫作神经性食欲缺乏的饮食紊乱症。”

“我当时很受打击，”克里斯蒂说，“我觉得自己既失败又不负责任；似乎自己变成了一个坏人，一个失败者。我觉得我本来是可以阻止这一切发生的。”

接受心理咨询和约见营养师的前几个月异常艰难。

“我觉得自己被困在了笼子里。每一天，我都要为吃了什么东西和能做多少锻炼而恐惧、焦虑。最开始，我甚至不能大方地说出‘我得了厌食症’，那样感觉像是承认了失败，承认这一切是我自己一手造成的。但当我开始诚实地面对我的疾病时，我才感受到了真正的自由。”

当克里斯蒂的妈妈知道女儿的问题被确诊并且得到了帮助，她感觉如释重负。她们过去一直共同面对家里的事情，现在，有更具体的问题需要解决。但一想到以下这些问题，她就感到很痛苦：这是怎么发生的？我在哪些方面没有尽到责任？克里斯蒂和我都是完美主义者。我希望一切都是对的，我知道我想要控制很多事情。如果我放松一些，如果……

即便到了现在，苏还是没有找到所有的答案，但这并不重要。她已经意识到，这可不是你服用一粒抗生素就能在十天之内治愈的疾病。厌食症患者将终生面对一种挑战，要从全新的角度看待自己。苏也从咨询的整个过程中学到了很多东西，在她和克里斯蒂共同渡过这个难关的同时，她们的关系变得更加紧密。

克里斯蒂已经意识到，过去她曾听信了敌人的谎言。这些谎言来自我们的文化，比方说：如果你很瘦，你就有价值；如果你守规矩，你就是优秀的；如果你很漂亮，人们就会接受你；如果你更瘦，人们就会更喜欢你。克里斯蒂必须要学着听从来自健康的声音，而不是听从敌人的谎言。

"有一天，我列出了一张单子，上面写着我知道我曾听信过的所有谎言，然后我又写下了与我有关的真理，这使我认识到我的思维已经变得多么的扭曲。"克里斯蒂回忆道。

如今，克里斯蒂已经是一名健康的大四学生，当她回顾生命中这段困难的时期，她觉得这是一个福分。

"虽然这是我所经历过的最为艰难的事，但它让我看到自己确实拥有真实的弱点，这没什么。这件事帮助我和其他有困难的人更好地沟通。我发现人们比以前更愿意同我交谈，因为他们知道我并没有那么完美。没有人是完美的，但在如今的文化里，要相信这一点很难。”

4 罗伯的故事

罗伯热爱运动，他也的确很擅长。刚进入高中，他就拿到了校橄榄球队边锋的位置，而这所较大的公立高中经常获得州冠军。全家都为罗伯感到骄傲，父母更是他的铁杆粉丝，几乎从不错过一场比赛。而罗伯的梦想，也是他毕生的奋斗目标，就是能够进入西点军校打球。高一那年，他已经成为全队的得分王和领先的传接球员，在学业上的表现也出类拔萃。高一结束的那个暑假，他参加了在海军学院举办的橄榄球夏令营。多年来的努力终于开始有收获，他得到了许多教练的注意和赏识。看起来，他的毕生梦想很快就能变成现实。

从夏令营回家之后的第一天，他就去参加高中校队的对抗训练。在做一个接球动作时，充满自信的罗伯用力往空中一跃，落地时，他感到左膝有什么东西“砰”的一下裂开了。

经过多次检查，骨科医生带来了一个毁灭性的消息：“你的前十字韧带断裂了，至少一年甚至可能终生都不能再打橄榄球了，必须进行大量的康复治疗。”

罗伯受到了严重的打击，但在某种程度上来说，他的父母承受了更大的痛苦，其中不仅包含着自身的失望导致的痛苦，更有家长为孩子的损失而感受到的极度痛苦。这是一种双重打击。他们的儿子曾经如此优秀。他在学业和体育方面出类拔萃，还是学校的学生干部。这件事发生在他身上，实在太不公平了。

他的父亲非常痛苦，因为橄榄球也是他的心头之爱。他对儿子失去这份爱的痛苦感同身受。

罗伯决心要恢复到过去的状态。手术之后，他用了整个高二的时间进行膝盖的康复治疗。队友们去训练时，他去做康复，每天都要经历四个小时漫长痛苦的煎熬。每到周末，他都会坐在训练场旁边，为队友们呐喊助威。

日子很艰难，也很孤单。

作为母亲，罗伯的妈妈能够理解儿子的孤独。她的痛苦不仅来源于目睹儿子失去梦想和身体上承受剧痛，也来源于目睹儿子的孤独。她知道，儿子感觉被团队抛弃了。在那些个漫长孤单的康复时间里，她也同样经受着痛苦。

就在高三即将开始之前，医生准许罗伯再次打球。或许是他的努力得到了回报，他的梦想之光再次闪现。

他的首场季前赛之夜成为一个巨大的庆祝会。全家人和许多朋友都到场为他助阵。首轮回合，他在奔跑中突然感觉另一只膝盖也发出了“砰”的一声，他应声倒地。可当时根本没有人碰到他。他感觉到了那种疼痛。他知道是怎么回事。不会吧？但事实的确如此。他的另一条腿的膝盖前十字韧带也撕裂了。橄榄球生涯再次结束，他的梦想破灭了。

这一次的康复治疗比上一次更为艰难。同样是剧烈的痛苦，日复一日的孤独，但这一次，却没有梦想可以为之拼搏。

全家人再次凝聚到了一起，一同流泪，一同祈祷。

上天为什么对他如此不公平？

这些问题找不到简单的答案。

失望。痛苦。梦想的破灭。

距离罗伯的橄榄球梦破灭之时已经过去了两年左右。如今，他进入了弗吉尼亚大学，拿到了后备军官训练团(ROTC)奖学金。

生活总是会有我们无法控制的环境因素，我们和我们的孩子总会遇到各种各样的困难时期。

5 痛苦的几种情绪反应

无论造成我们痛苦的原因是什么，我们都会经历几种情绪反应。如果我们能够认清以下几种情绪并尝试努力克服，我们就会意识到自己并不孤单。

愤怒

当事情不如意时，我们很容易愤怒，并且身边有足够多的人可以让我们迁怒。

吉尔对她的儿子非常愤怒。他在三个儿子中排行第二，常常让父母头疼不已。这回，他又离家出走了。哥哥和弟弟都很好养，唯独他不是。这是为什么？他跟兄弟们有着同样的父母、同样的家庭、同样的优势，可他却做了很多错误的选择。而吉尔正在与更年期抗争，母亲刚过世，婚姻又出现了危机，这一切简直是对这种愤怒的火上浇油。发生了这么多的事，他怎么能再给她平添如此多的痛苦？

辛迪对她的丈夫拉里感到愤怒，因为他总是不在家。他们的儿子常常在外面待到很晚，跟一帮坏孩子在一起，她知道他肯定要惹麻烦。他们的儿子陷入了大麻烦，而丈夫却指望不上。这让辛迪感到失败、困惑和愤怒。

克杰对他自己感到生气。回顾过去的几年，他意识到儿子的很多问题都是因他而起。他强迫儿子在体育方面表现优异，因为他自己曾是一个优秀的运动员。当儿子说他不喜欢运动的时候，他没有理会。他要求儿子的成绩拔尖，申请常春藤联盟学校。"你还没有尽全力。"他说。但他的儿子却理解为："你想要的儿子不是我这样的。"现在，儿子冲出了家门，说恨他。杰克的愤怒转向了自己的内心，因为他从儿子说的话里听到了自己的失败。

有时候，我们会对命运愤怒。我们会高喊："上帝啊，您怎么能这样对我？怎么能允许这样的事发生？为什么让我遇上这种事？为什么让我的孩子遇上这种事？"

我们该怎么处理愤怒？

承认它。不要装作它不存在。记住，并非所有的愤怒都是不好的。我们可以对撞伤我们孩子的醉酒司机、对屡次撒谎的孩子生气，对非礼我们女儿的男孩生气。但当我们任由愤怒转为怨恨时，我们就走上了一条苦难和罪恶的道路。

愧疚

当事情不如意时，我们会感到愧疚。我们经常产生这样的感觉。孩子的问题可能因我们自身的失责而起。作为家长，我们都会犯错。是的，我们很愧疚。但我们可能也承担了一些本不应由我们承担的愧疚感。孩子饮酒并不是我们的错，而是他自己的选择。是的，我们做过或没做过的一些事情可能让他走上了这条路，但最终还是他自己的选择。我们不能把所有的过错都揽在自己身上。

我们处理愧疚的方式基本与处理愤怒的方式一样。我们要坦诚面对愧疚感。

这里需要注意两个陷阱：顾影自怜和批判的个性。

顾影自怜会以“要是……该多好”的形式出现。要是我当时在场该多好。要是我当时看到了那些迹象该多好，要是配偶当时给我更多支持该多好，要是我有个伴儿该多好，要是我女儿没受伤该多好，要是……该多好。如果你发现自己陷入了失败的痛苦之中，请记住：这一切都是暂时的。

在自怜中，我们很容易会把注意力转到别人身上，想着为什么是我呢？为什么不是她？她什么麻烦都没有。似乎从来都不会有任何坏事发生在她身上。真不公平。她的生活看起来那么完美，她的孩子从不叛逆，她有一个好丈夫，等等。我们开始批评“她”，怨恨渐渐渗入。这种批判的个性会逐渐演变成嫉妒的罪行。我们觊觎她的生活。但是请等一下！我们得知道，总有一些事实是我们看不到的。我们并不了解别人生活的全部。每个人都会在某一方面挣扎度日，每个人都有自己的痛苦。我们没有资格给痛苦贴上一个标签，说“我的比她的严重”。我们不知道别人对痛苦的感受是什么。对于不同的人来说，痛苦的缘由和程度是不同的。痛苦就是痛苦。我们必须避免对别人的生活做出错误的设想，否则就会导致批判个性的产生。

恐惧

在发生不如意的事情时，另一个常见的反应是恐惧。

“我的孩子把自己给毁了。”或者，“我把孩子给毁了。”

我们会觉得一切都太晚了。但做正确的事情永远都不会太晚。

我们的恐惧会以“如果……怎么办”的形式出现。如果我们没选对学校怎么办？如果他再受伤怎么办？如果她离家出走怎么办？如果我把下一个孩子的事情也搞砸了怎么办？如果他染上艾滋病怎么办？

当我们回顾过去时，“要是……该多好”的思维模式会把我们拖垮；而当我们展望未来时，“如果……怎么办”的思维则会给我们带来非理性的恐惧。认清这些陷阱能够有助于减轻恐惧。

或许你尚未遇到严重的危机，在抚养青少年的过程中面对的挑战都很普通，但阅读这一章让你感到恐慌，害怕不好的事情会发生在你自己的家里。你生活在恐惧中，等待着坏消息的降临。我也为此挣扎过。人们很容易活在恐慌中，受到这种情绪的控制。我讨厌自己这样，但这样做能让我保持谦逊。

是的，我们的孩子都会经受痛苦、不公的对待、排斥、失望和失败，他们还会与怀疑抗争。作为家长，我们也要经历这一切。但并非所有的青少年都得经历重大的危机。他们也并非都得叛逆。

第九章 帮助青少年选择合适的大学或工作

我心里的那个结拧得更紧了。随着4月1日的临近，我的焦虑程度日益加剧。而我还只是当妈的。我女儿很急躁，但她只是受够了这种煎熬，想要赶紧结束。我们等待了整个春天，就是为了这一天，“它”到来的这一天。如果“它”是一个厚信封，就意味着有好消息；反之，如果“它”很薄，那么就是坏消息。

对于高三的学生和家长来说，4月1日既让人害怕，又让人期待。这是各所大学寄来通知书的日期。对于大多数家庭来说，这一时刻给人造成的压力非常之大。作为家长，你会思考该提供多少建议，该给孩子留多少自主的空间。你可能不相信孩子能够做出明智的决定。这很让人头疼，因为你自己可能也不知道正确答案是什么。你的孩子可能进不了你或他自己选择的那所大学，他也可能并不想立即去读大学，或许他压根就不想上大学。他可能选择过多，也可能没有足够的选择。让这种困惑愈加严重的是，其他一些人也在从四面八方给你提供建议。

这么多让人恐惧的情绪和令人困惑的想法。什么是正确的？谁是正确的？你该怎么决定？在人生的这个关键时刻，怎样给你的孩子做出最好的规划？

我已经有过五次这样的经历，也从中学到了一些东西，希望在你和你的孩子规划高中毕业之后的生活轨迹时，能够对你们有所帮助。

1 这是一个共同的决定

虽说孩子们就要高中毕业了，但仍然是我们的孩子。我们得在这个决定中掌握一定的话语权，给你的孩子提供一些做决定的参考因素，与他们一起选出五个左右的大学进行申请；或者除了上大学之外，再考虑两个其他的机会，当然你和你的孩子都得对此感到满意。让你的孩子清楚地做出最后的选择。这最终应该是孩子的决定，但你应当迈出放手的一步。

2 朋友情谊至关重要

高中毕业的孩子普遍在 17~18 岁。很多人正在为首次独立生活而准备，通常会远离家门，去往一个陌生的环境。这个时候的孩子仍然受同龄人影响很大。这是他们生命中的过渡期，需要强有力的朋友情谊进行支撑。在这个时候，他们不应当被置身于一个陌生的文化中，在没有一帮朋友支持的情况下尝试着去做些改变。一些孩子不大可能愿意主动去寻找朋友。他们或许认为不需要别人的帮助和支持，但事实并非如此。在当今这个世界，没有哪个人可以独自前行。我们不行，我们的孩子也不行。孩子们需要强有力的朋友情谊，那些头一回独立生活的孩子们尤其需要。在这个年纪，他们仍在对自我进行探索。在很大程度上，他们在决定成为怎样的人的过程中，会受到身边人的影响。

3 读大学还是找工作？

有些青少年没有太多的选择，有些孩子则因为选择太多而头疼。每个家庭的情况和家长的期待值不尽相同，即使在同一个家庭里，不同的孩子面临的情况也不同。你可能有两个孩子，对于其中一个来说，大学从来就不在他的选择范围之内，能顺利读完高中就已经实现了他的教育目标；而他弟弟可能已经在憧憬攻读博士学位了！他们之间不存在谁更好的问题，他们只是不同而已。每个青少年都在某些特定的方面具有天赋。如果读大学不是你孩子的选择，那么就帮助他找一份能够让他的天赋得到发挥和兴趣得以发展的工作。

有些学生会在进入大学之前花一年的时间体验生活，并从中受益，这就是所谓的“间隔年”。无论这是间隔年，还是正式教育阶段的终结，明智的家长都会确保孩子离开高中的第一年在一个能够受到鼓励和簇拥的环境下度过，这将有助于孩子的成长。加入一个乐队并周游全国听起来是个不错的经历，但十七八岁的孩子尚未准备好面对这样的经历所带来的挑战。他需要时间在信仰方面成熟并成长起来。年轻气盛的孩子们可能会理想化地认为自己能够应对任何事情，但家长知道，智慧源自经验。如果我们鼓励他过早地去做一些事情，就等于给他帮倒忙，不如等到几年之后他成熟一些再说。要记住，迟做并非不做。

在间隔年里，他也可以在自己感兴趣的领域做一年的实习工作。他可能挣不了多少钱，但在社会这个大熔炉里，能找到一位优秀的导师，对孩子来说可是无价之宝。

跟你的配偶就孩子的选择进行讨论，向了解你孩子的其他成年人征求意见，听听孩子的意愿和梦想，和你的孩子一同前行。

4 择校——我们应该从哪里开始？

罗伯和妈妈正在讨论择校的问题。

“儿子，你有没有想去的地方？”妈妈问道。

“我怎么能知道呢？我连午饭喝什么饮料都没法儿决定，又怎么能决定去读哪所大学？”

择校确实是个让人头疼的任务，不仅对孩子如此，对于我们家长来说也是如此。当第一个孩子面临择校问题时，我们不知道该怎么办。对于孩子来说，他要么真的觉得要做这个决定压力很大，要么就是对此根本无所谓。

这里有八个小贴示，能够帮助你让这个过程成为一场探险，而不是一次痛苦的磨难。

(1)制定你自己的个人发展战略

当今社会，读大学的压力从很早就开始显现了。学生们的 SAT 平均成绩从初三开始计算。现在就得开始同你的孩子谈论大学的目标，这很重要。不要指望立即获得所有的答案。相反，要耐心地花点时间去设计问题。

大多数中学都设有指导顾问。在刚入校的当年秋天，跟指导顾问约个时间，带着孩子一起同顾问讨论大学目标。了解要申请他感兴趣的那所大学需要具备哪些素质，据此制订一个课程方案。让你的孩子主导这次谈话。

不要指望他认同这是一个好主意，相反，他很可能会抱怨。在这个年纪，抱怨就是“他的工作”。不管怎样，都要坚持去做。这表明你很关心他的未来，并且愿意与他共同努力，帮助他实现目标。如果你们都能够获取准确的信息，将来就不大可能会说出“真希望当初我们能知道……”这样的话。尽管他的目标将来可能会改变，但这是很重要的第一步。制订计划能够帮助你们减轻压力。

一个好的指导顾问会知道哪所大学希望申请人具有哪些素质。好的顾问会建议你的孩子参加一些课外活动。今天，大多数学校都不会对申请人的履历上列出的一长串俱乐部名称感兴趣。他们会更有兴趣看到某个专心的孩子把大量时间投入到很少的几件事情上，而不是什么兴趣班都参加，以便拼凑一份冗长的简历。

履历的撰写是一个微妙的话题。作为家长，我们必须避免给孩子施压，让他们做一些纯粹只是为了充实履历的事情。相反，我们应该鼓励他们勇敢地发展自己的天赋或是为学校做些贡献。

强迫你的孩子在学业或是运动方面出类拔萃，或是进入你的母校以便实现你的梦想，这都是错误的做法。他跟你是不同的两个人，他应该有属于自己的安排。

如果作为家长的我们处理这个问题时抱有一种“与孩子一同探险”的精神，每个人承受的压力都会大大减轻。

(2)确立你的标准

当我们每次开始进行学校调查的时候，我都会送给孩子一个空白笔记本。我会在扉页写上几句话，告诉孩子，我为他（她）感到骄傲并说明原因。比方说：我欣赏你的细致周到和领袖才能，以及你面对困境依然坚持不懈的精神。

我们的孩子在笔记本里列出了他们在择校时最看重的 10 项标准，如地理位置（城市或小镇）、学校规模、所需费用以及学术要求的类型。有些标准，对于每个孩子来说都一样。但有些标准，不同的孩子会有不同的标准。每次我们去参观一个校园，孩子都会从各个方面对学校进行评级。他会把他自己的印象写下来。在这个过程中，我们发现，有些标准比其他标准更重要，于是我们会做相应的修改。把你们对学校的印象记录下来，把所有的信息都记在一个本子上能够帮助他日后更好地回忆当时对学校的感受。

如果我们做家长的有一定的限制，最好从一开始就跟孩子沟通好。安让她的儿子丹去离家四千八百多千米的地方参观一所昂贵的学校。她知道即使有助学金的帮助，她也付不起那儿的学费。很自然地，丹一下子就爱上了那所学校，当他得知这根本不在选择之列时，很受打击。此事之后，安得出结论："不可能得到的东西，看都不要去看。"

应该申请几所学校？这个问题没有唯一的正确答案，但我们建议是五所。聪明的做法是，申请一所你的孩子被录取概率很高的"保底"学校和一所得非常幸运才能被录取的"梦想"学校。

(3)参观学校

跟你的孩子一起去学校看看，如果你从未去过那所大学，就更应该如此。可能的话，提前安排你的孩子在学校的宿舍借宿一晚，鼓励他第二天去听听课，在非周末的时间去参观学校能使他更真切地了解大学生活。

如果你的孩子能在高二的时候去参观学校，会有助于减轻一些压力。他能够更好地了解自己对什么感兴趣，那么到了高三，他就不用慌里慌张地挑学校。如果他不能一一参观想要申请的所有学校，那么也应该大胆地提出申请。被录取之后可以随时参观。之所以说高二的时候能够去参观会更好，是因为现在越来越多的大学开始采取"提前决定"的政策。这类的申请需要在高三之前或是高三刚刚开始的时候就提交上去。有些是有约束力的，也就是说如果你被录取了，就必须得上这所学校。因此，如果你的孩子选择递交此类"提前决定"的申请，就必须非常确定自己的第一选择。如果你的孩子界于能否考取大学的边缘，那么申请此类"提前决定"的学校会对他有利。不同学校的招生部门会把他们的政策告诉你。

各个学校的面试政策都不尽相同。有些学校要求面试一次，而有些则不提供面试机会。我们发现，"不面试"并不一定就是"不面试"。要有恒心。大规模的学校通常声称他们不举行面试，但老校友可以安排你的孩子跟这所学校的某位官员进行"私人的谈话"。此类不正式、非官方的面试可以在录取的过程中发挥重要作用。挖掘这种可能性非常重要。

在你们参观每所学校的时候，要随时调整之前设定的标准。你的孩子可能会觉得，比起大城市，他更想到一个小镇上读书。从一开始就设定标准，为我们提供了一个起点，让我们能够清晰地看见观念不断变化的过程，这很有意思。

(4)完成申请

"你不觉得应该把申请表写完吗？"

"你怎么还有时间出去玩？大学的申请表还没写完，明天就要交了！"

唠叨，唠叨，不停地唠叨。

我们不想唠叨，孩子也很不喜欢我们唠叨。如果我们（在问题出现）之前就商量好了完成申请的目标日期，后面就不用唠叨了。在高三开始之前的那个夏天是开始填写申请表的好时机。如果他们想要递交"提前决定"的申请，那么就得设定目标，在开学之前必须填完申请表。明智的做法是，把目标设定为感恩节之前，这样你就可以过一个无须唠叨的圣诞节了！

写申请最终还是孩子的责任，不是我们的。但提前做出安排会使家里的氛围更加愉悦。

有一次，我去参加我们的孩子所在的当地公立高中的家长讨论会。作为讨论小组的成员，我们要向刚开始申请大学的家长们提供一些建议。当我听到在我之前发言的四位家长谈论他们如何帮助孩子填写申请表并撰写论文时，我感到非常惊愕。轮到我发言了，我说："虽然我很尊敬我的伙伴们，但我必须表达不同意见。填写申请表是孩子们的责任，这是关系到诚信的问题。他们应该自己做这件事，而不是让我们帮忙。”

我知道听众席里有些人可能不理解我的意思，于是又补充说：“我们不能跟他们一起念大学，帮他们写论文。那么，如果我们现在不让他们承担起这份责任，又怎么能指望他们进入大学之后变得有责任心呢？”

一些家长给了我掌声。另一些人则用异样的眼神看着我，仿佛我是从中世纪穿越来的怪物。

（5）自己做决定

当你的孩子收到申请的大学的回复后，你可能还有一些艰难的决定要做。如果她无法在两所学校之间做出选择，那么可以考虑让她再次去学校看一看。通常来说，进入到校园里，可以使人思路清晰。

她可能被列入候补名单，甚至有可能被拒绝。如果她真的很想进这所学校，就需要进一步争取。如果日后回想起来会觉得幸好尽了最大的力量，当然更好。但如果再次争取，答案仍是“不”的话，你至少可以安心地接受这个事实。

基思被他的第一选择——伯克利大学拒绝了。他是个后进生，高中的学习成绩从来都没及格过，但很有才华。他勇敢地给大学的招生办写了信，要求他们重新考虑。经过又一次面试，他被录取了。

特雷弗被普林斯顿大学列入候补名单。他重新回到普林斯顿，与招生办的工作人员聊了聊，向他们解释了为什么觉得这所学校适合他。于是，他也被录取了。

你的孩子可能未必会像这些男孩一样得到满意的结果，但争取一下又不会损失什么。

选择太多也会让人困惑。“我该去哪儿？如果我选择错了怎么办？”

我们的儿子克里斯和他的朋友丹尼就遇到了这种情况。时间一点点地流逝，回复录取通知的最后期限就要到了。而他们还是决定不了。我们做家长的也不知道该给他们提供什么建议。最终的决定让所有人都不知所措。压力实在太大了。

最后还是米米救了大家。米米是克里斯的外婆，我的母亲。她很智慧，并且也让我们松了口气！

“孩子们，”她说，“用不着这么焦虑。又不是让你跟这个学校过一辈子。挑一个去读，如果不合适的话，可以再转学嘛。”

哦，见识果真跟年龄成正比！

（6）提前制订冒险计划

一旦做出决定，接下来面临的最大问题就是室友了。有些青少年想跟之前就认识的人住一个宿舍，而另一些孩子则渴望有一个全新的开始，结交一些新朋友。这两种选择各有利弊。如果你的孩子想跟不认识的同学住一屋，那么尽量找个可靠的人。通过他们的人际关系网、朋友的朋友、或是哪个朋友的妹妹，你可以找到同样刚进入这所学校的新生。他们不必成为“一辈子的好朋友”，可能只是在一起住一年，但如果刚进入大学的时候能跟有着同样道德观念的人住在一起，情况会很不一样。如果能够通过人际关系，找到别人推荐的室友，会比随机分配好得多。

会有很多人给你的孩子提建议。有些建议可以忽略，有些建议却非常宝贵。克里斯准备去北卡罗莱纳大学读书的时候是我们家一项传统活动的开始。我们举行了一个“为克里斯庆祝”的饯行会。我们送给他一张家人的照片拼贴，上面写有充满爱意的话语。然后我们轮流给他提建议。艾莉森和约翰的建议最好，因为他们已经进入了大学，但每个人都有各自的小贴示要告诉克里斯。我们一直延续这项传统，直到苏茜和莉比都进入大学。我们的建议包括：跟一位教授混熟，在课外时间去拜访他；在教堂结识一个家庭，跟他们交往；接触不同类型的人；在决定是否加入某个团体之前，至少参加三次他们的聚会。

“期望值不要太高，”艾莉森告诫克里斯，“我第一个学期过得很痛苦，我哭了很多次，因为太想家了。第二个学期结束的时候，我又哭了，但这回却是我不想因为放暑假而离开学校和我的朋友们。不要以一个学期的情况作为判断的标准。”

第十章 训练生存技能并放手

我们的儿子克里斯 19 岁，他的哥哥约翰已经 21 岁了，但他们提出的想法还是把我吓了个半死。

“爸，妈，今年夏天我们想跟内特和罗伯一起，花两个月的时间骑车穿越全美。我们打算从太平洋出发，终点设在大西洋。希望得到你们的祝福。”

我身体的每个部分都想尖叫：这是我听过的最疯狂的话。你们要是被车撞了怎么办？要是有个疯子在路边把你们杀了怎么办？要是遇到麻烦却找不到人帮忙怎么办？要是……光是想想都让人害怕。况且这还不是想象。这几个孩子对此非常严肃。

除此之外，还有一些实际的问题。你们怎么跟我们保持联系？从哪里筹到足够的钱来支付费用？你们如何在上学的同时为这次骑行进行训练？打算一路都宿营吗？何时出发？走哪条线路？你们知道自己在干什么吗？我觉得你们不知道。

我们告诉孩子们，如果他们再多做一些研究，提出一个详细的方案，我们会愿意考虑的。当他们仔细研究之后，自然会改变主意的，我试着这样安慰自己。

一个月后，三对家长聚在我们家的房间里，听孩子们陈述他们的方案。他们做了大量的研究，概述了整个行程计划，对我们可能提出的每一个问题都给出了答案。他们把研究的结果以精心撰写的书面提案的方式呈现给了我们。而我只想说“不”！

我有着如此多的恐惧，如此多的“要是……怎么办”，却没有任何保障。这是一个巨大的、毫不必要的冒险。独自去做如此重大的事情，他们做好准备了吗？我做好准备了吗？

无论孩子们何时离开家门，去往什么地方，都是一件艰难的事，让人痛苦。毕竟，外面的世界让人害怕。而我们对他们的掌控也已不可同日而语。

1 我们如何应对他们的离开？

当利布的女儿离开家门去上大学时，她非常想念女儿。她每天都要给女儿打电话，聊聊学校的情况，帮女儿决定选什么课，穿什么衣服去参加特定的聚会，怎样应对跟室友之间出现的尴尬状况。她督促女儿按时睡觉，建议女儿参加哪些课外活动。总而言之，她遥控着女儿每天的安排。当女儿打电话回来哭诉跟室友的争吵时，利布一整天都在担心，想着该怎么解决这个问题。到了晚上，她又给女儿打了电话，结果女儿却回答："哦，妈妈，没什么大不了的，我们已经和好了。"

虽然利布只是想表达自己对女儿的支持，但这种做法却是一种"过度教养"。

当萨拉的女儿离开家门去上大学时，她终于松了一口气："现在一切都得靠她自己了。要么学会游泳，要么就沉下去。"她们很少通电话，偶尔为之，萨拉也只是简单地询问女儿过得怎么样。当女儿表示不喜欢她的室友，想搬出宿舍、到校外租一个昂贵的公寓时，萨拉只说了句："你自己决定。"当女儿表现出饮食紊乱的迹象时，萨拉的回答是："她得按照自己的方式解决这个问题。这已经不再是我的责任了。"虽然萨拉的目的是想给孩子足够的自由，希望她能成长起来，但她的放手却过于突然了。

萨拉和利布代表着抚养孩子中的两个极端现象：过度教养和推卸责任。通常我们很容易倾向于其中之一。想想你会倾向哪一面，努力去平衡。但是要记住，我们每个人都会感到别扭，这很正常，因为这是一个全新的时期。

2 我们该如何保持平衡？

要认识到独立是一个循序渐进的过程，而不是突然发生的。

当孩子们高中毕业离开家门时，我们可能会觉得："他们独立了！我们家变成空巢了！"从我们自己和其他许多人的经验来看，这个巢并不是真的空了。这个时期更像是"弹簧期"，而不是"空巢期"，因为他们还会弹回来！我认为，除非等到他们大学毕业、开始自己的职业生涯或是成立自己的家庭，否则我们的"空巢期"不会真正开始。如果他们还在上大学，就会有寒暑假的时间，他们会把朋友和脏衣服一起带回家来，拖着总也填不饱的胃和缺乏睡眠的身躯。正如我们在前一章里讲过的，高中毕业生通常只有十七八岁。他们尚未成年，经济上还需要依靠家长，至少在一定程度上是这样。离开家门的第一年是最艰难的。我们一定要避免这样的极端，认为只要他们离开家，我们就没有责任了，我们也不应该干涉他们的生活。

相反，我们需要分阶段地对他们放手。他们离开家门，并不代表所有的决定都要自己做。是的，他们确实需要更多地给自己做决定，并且有些决定还是错的，他们会从中吸取教训。但"离开家门进入大学"并不意味着我们的责任就此结束。

在适当的事情上放手

利布需要在女儿的日常生活细节上放手。女儿得自己决定选修什么课、穿什么衣服和怎样处理一般的人际关系问题。当女儿打电话来征求意见时，利布学会了这样说：

“宝贝，这个决定得你自己做。我会为你祝福的。”当我们把决定权交给孩子的时候，他们的自信就会有所增加。如果我们在他们上中学的时候就已经开始这样做，这个过渡期会更容易一些。

而萨拉则需要更多地介入女儿的生活。饮食紊乱可能会对生命造成威胁。在这个问题上，家长的介入必不可少。对于经济方面的重大决定，需要家长和孩子共同做出。毕竟，他们的很多费用是由作为家长的你们来支付的。学业也是家长需要介入的一个领域。屡次逃课和整个周末的玩乐会影响一个学期的成绩。如果到了学期末，情况的确如此，这时候家长就应该介入了。此外，道德和安全方面的问题也需要家长介入。

凯姆和诺玛的五个孩子都正处在青春期。孩子们进入青春期后，他们要求每个孩子发誓在21岁之前绝不抽烟喝酒。他们承诺，如果孩子能够遵守这个誓言，他们就会给每个人提供一份经济奖励。他们知道孩子会对他们说实话。是的，这对孩子们来说很难。当男生联谊会的成员试图劝他们的儿子喝酒时，他把自己对家人发的誓言告诉了他的伙伴们。虽然他们拿他开玩笑，但也表示尊重他的做法。很快，在其他同学的眼里，他的行为证明了这一点：你可以在坚守自己信念的同时仍然玩得痛快。

你和你的孩子如何做决定，取决于你们之间的关系以及一直以来的沟通方式。没有什么唯一的标准答案。但如果你没有阅读前面的内容，直接跳到这一章来，想要找到“放手”的捷径，那么请翻回到前面，仔细阅读之前的章节。如何适应这个变化期，将直接受到你之前行动的影响。

做好遭遇尴尬和紧张关系的准备

“儿子，我只是想让你知道，你马上就要离开家门了，这不仅对你来说是个全新的时期，对我们来说也是如此。可能你想要的自由比我们能给你的更多，或者我们打电话的频率太低会让你觉得我们不关心你了。在这个全新的时期，我们都得加倍努力，彼此真诚沟通。如果我们犯了错误，彼此要耐心相待。”

在这个新时期里，以家庭为整体的拼图再次被抛到了空中。现在，我们必须学习怎样才是跟独立的孩子相处的最佳方式。这可能会给你们的婚姻带来一些紧张因素，特别是当夫妻双方各自倾向一种极端的时候。

佩格对贾斯汀生活的每个细节都要操心。在帮儿子搬进宿舍的时候，她就带上了所有的清洁工具，把儿子的房间彻底刷了一遍，每个抽屉都进行了消毒。她定期把儿子的脏衣服拿回家清洗。儿子在某个课程上遇到困难，她就开车到学校，帮他学习。丈夫恳求她对孩子放手，但她回答说：“我只是想帮帮他，孩子需要我。”自然而然地，他们的婚姻出现了危机。用心倾听你配偶的想法，问问：“我是不是管得太多了？”“我是不是推卸了本不该推卸的责任？”跟在教育子女方面有经验的年长夫妇聊一聊，向他们学习。

我们都知道如果过度教养或是过多过快地推卸家长的责任，会导致什么样的结果。了解将要面临的问题，能够使我们更好地为迎接这个过渡期做好准备。

3 我们如何为他们的离去做好准备?

如果我们过去一直在逐步“放手”，那么这个新时期就会很容易适应。如果孩子已经学会了基本的生存技能，那么我们就不至于介入孩子日常生活的方方面面，孩子也已经做好了在社会上生存的准备。我们的任务是帮助孩子具备生存技能，而这需要有意识的训练。如果我们不对他们进行训练，就会以服务于他们为幌子，无形中阻碍他们的成长，因为我们做的那些事，本该由他们自己去做。生存技能的训练要尽早开始。这是对责任感和独立性的训练。这种责任感有助于培养孩子的自信。如果孩子们在离开家门之前已经掌握了一些生存技能，他们进入社会后，就可以专心适应那些全新的事情了。

这里有 11 种基本的生存技能。你也可以根据自己的情况加入一些其他的内容，所以下面这些只是个起点。要记住，越早开始训练，对孩子越好!

(1)教他们掌握良好的礼节

教给你的孩子正确的餐桌礼仪。胳膊和肘部要放在桌子下面；身体要坐直；餐巾要放在大腿上；用餐结束后，刀叉要放在一起；提前离开餐桌，要向同席的人致歉。向他们演示如何摆放餐具以及每种餐具的用途。如果你自己不懂，那么就去查看相关的书籍。当今社会越来越随意，孩子们还面临着一些比这些礼仪更加重要的问题，因此这样做显得有点愚蠢，但却是至关重要的。为什么？因为作为家长，我们的任务就是让孩子具备所需的一切素质，让他们在他们前去的任何场合，都能够游刃有余。

我希望我的孩子能够在去白宫赴宴或是同王室成员一起用餐时感到轻松自如；相反，即使是在简陋的小屋里，他们也不会觉得别扭。我们不希望孩子因为不知道该怎么做而尴尬。我们的工作是让孩子具备一定的素质，在任何地方都能举止得体，并且知道怎样尊重待客的主人。采用恰当的礼节是表示尊重或是向他人表达敬意的一种方式。孩子们不能简单地模仿，而要进行专门地学习。

当孩子们小的时候，我们偶尔会假装在白宫赴宴。我们会使用高档的瓷器、亚麻餐巾、大量的餐具，操练良好的礼仪。我尽可能地让这样的晚餐看起来像那么回事。当然，孩子们的礼仪并不完美，就连我自己也是，我丈夫到现在还在提醒我不要把胳膊肘搭在餐桌上。但我们一直在努力。

我的朋友佩吉是一名专业的礼仪顾问，他说有一件全世界都认可的最让人恼火的事情就是，对主人的赴宴邀请不予回复。通常人们会直接忽略这个要求。我们必须认识到，对于按客人的人头付账的女主人来说，这可能会是个不小的负担，并且也会扰乱座位的安排。如果你回复了邀请，那么就一定要到场！我们得告诉孩子，如果最后关头出现紧急情况导致无法赴约，一定要打电话给主人表示歉意。

还有其他很多礼节需要教给孩子。我们家的礼节包括：有女士进屋时要起身示意；亲戚或客人到访时，要到门口迎接；客人离开时要送至门口；到别人家做客时，要主动帮忙洗碗；与他人一同出门时，要为身后的人扶住门。跟女友约会结束后，要把对方送到家门口；开车去接她们的时候，不要按喇叭。你可以制订自己的家庭良好礼节单。

（2）教他们写致谢信

如果你读过安·兰德斯的专栏，就会注意到经常给她来信的有两种人：因为感情问题陷入痛苦的人，和因为从未收到过子孙的致谢信而感到痛心的祖父祖母们。

收到任何礼物，都应该给送礼者写封致谢信。教你的孩子给带他们出去吃饭的人或是为他们做了特别的事的人写封致谢信。训练他们在去外地拜访朋友的父母之后，或是在借用别人的房子或汽车之后给对方写封致谢信。如果孩子对此表示质疑，那么就指导他们写一张字条，同样也会赢得对方的好感。这是向别人表示敬意和爱意的方式，是积极的举动。

在圣诞节或是生日之后定一个日子，到那时要把所有的致谢信都写好。到了截止日期，如果还没有写完，就禁止他们开车、看电视或是用电脑。如果孩子读中学的时候你就这样做，他们在离开家门之后就更有可能延续这个举动。但在他们离家的第一年，你可能需要提醒他们。如果拿一沓精美的信纸当作毕业礼物送给他们，能够鼓励孩子保持这一习惯。

(3)教他们怎样做一名好的客人

在我们的孩子读大学的那些年里，他们带过很多朋友回家，有些客人还给我寄来了热情的致谢信，其中很多都被我珍藏起来了。这是对家长的敬意。

做一名好的客人不仅要写致谢信，还要做一些其他的事情。教你的孩子给女主人带份礼物，至于送什么礼物，你可以给他们提些建议。我儿子克里斯读的大学距离他奶奶家有半小时的车程。“儿子，”我建议他，“不管你什么时候去看奶奶，记着给她带束花。”当约翰去拜访他女友的父母时，我帮他包装了一个果酱果冻篮作为礼物。

好的客人会主动提出帮忙准备饭菜和饭后进行清理。好的客人会整理好自己的床铺，在卫生间里挂好毛巾，并且保持房间的整洁。如果孩子借用别人的小木屋或是汽车，教他们保持房间和车子的清洁。主人会很感谢的。这样做也会增加再次受邀的可能。

好的客人会同成年人坐在一起，同他们聊天时会直视对方的眼睛。要做到这一点，需要在家经常练习。帮助你的孩子设计一些聊天的话题，比方说：“你最喜欢你工作中的哪些方面？今后几个月有什么打算？能否给像我这个年龄的人提些建议？对你的人生有过积极影响的人是谁？你为什么敬仰这个人？”列出属于你们自己的优质话题表。

如果你的孩子有一长串的“引入优质谈话的问题”，他就能够更加自如地与成年人交流。让你的孩子参与你在家里跟某位朋友的谈话。把要来家里赴宴的成年人的情况告诉他。对于跟某位成年人可以谈什么话题，给他提一些建议。这位成年人对什么感兴趣？他可以问这位成年人哪些问题？餐桌是一个很好的训练场。但是不要指望产生立竿见影的效果。我们需要在家里进行多年的训练，才能使孩子在离家之后可以与成年人轻松交流。

我们如何在教他们做这些事的同时又不让日子变得难挨？设定一个“好客人——坏客人之夜”。把全家分成两支队伍，每支队伍表演两个短剧，分别展示好客人和坏客人的行为。根据孩子的年龄，可以加入一些夸张的戏服加强效果，或是看看谁能表演出最好和最差的谈话。几个家庭可以在一起组织这项活动。我们必须尽一切力量，让生存技能的训练更加有趣，但同时也要认识到，这个过程不会一直有趣，也不可能一次性地让孩子学会所有的技巧。

这需要多年的不断重复，并且可能要等到孩子的青春期接近尾声的时候，才会看到训练的成果。

（4）教他们打扫卫生

道格去读大学的时候，给自己定了很高的标准。他是个信仰坚定的人，决心要在校园里做一些了不起的事。大学过半的时候，跟他同住一套公寓的一个男孩找到他，说："道格，我们已经多次让你把你的东西整理一下，但你一直没做。你老是把脏盘子放在外面，留给别人洗。整个公寓到处都是你的臭衣服，我们受够了。你太以自我为中心了，这个问题你必须得解决。"对于一个好小伙子来说，这是一场令人痛苦的对峙，更何况这原本是可以避免的。

道格在一个以凌乱为乐的家庭里长大。他妈妈称自己为"乱室佳人"，也疏于训练孩子收拾房间。"他太忙了，压力又这么大。"这是他妈妈惯用的借口，"我也不想强迫他收拾。他就是这样的人，是他的个性使然。"

他的不爱整洁可能确实跟他的个性有关。我们有些人偏好杂乱，有些人则偏执于整洁，这两种做法都让人很不舒服。但我们现在讨论的不是个性特点，而是个人的品质。这里涉及的个人品质是体贴。把自己的东西到处乱扔，是对你室友的不体贴。如果你未来的配偶把家里弄得一团糟却不收拾，就是对你的不体贴。我们是在训练未来要为人室友、为人夫和为人妻的人懂得体贴。在培养这种个人品质的时候，教给他们整理杂物的技巧。做一张家务活的列表，确定每种家务完成的时间和整理房间的时间，照着这张表执行。如果我们给孩子制订了清洁的标准并在家里认真执行，那么当孩子离开家门时，他就不大可能遇到道格经历的那种冲突，尽管我们自己可能也是不讲究整洁的人。

(5)教他们自己洗衣服

艾伦非常担心她的儿子。儿子已经离开家好几个月了，她确信儿子一直都没有洗衣服。所以，她不断地给他寄去平脚短裤的包裹。到儿子回家探望的时候，除了他自己带到学校的之外，她已经又给他寄了17条短裤。

史蒂夫刚到学校的第一周就慌乱地给妈妈打了电话。他最喜欢的那件衬衫变成小女孩的型号了。这是怎么回事？他只不过是把衬衫扔到洗衣机里洗了洗再烘干。

我们的孩子有很多事情需要适应，没有必要花精力去应付第一次学习洗衣服这样的事。

当他们进入高中之后，就把洗衣服这件事交给他们做。这会让他们日后少费些精力，也能让你避免跳入"过度教养"的陷阱。当我无意中把我儿子所有的T恤都染成粉色时，我才发现，原来我的孩子们都可以自己洗衣服。

"妈妈，求你别再给我洗衣服了！我宁愿自己洗。"

在洗衣服这件事上，他不信任我。太好了！

我买了五个不同颜色的洗衣篮，每个孩子一个，当他们进入高中时，他们就可以自己洗衣服了。他们会把衣服洗好，烘干，收入洗衣篮里。他们很少会把洗好的衣服收进衣橱里，并且非得等到着急要穿的时候才去熨烫。但他们至少学会了怎么洗衣服！

（6）教他们记住别人的生日

贝丝是位单身妈妈，有三个儿子。跟丈夫分开的第一年，没有一个孩子记得她的生日，那一天就这么无声无息地过去了。她不仅感到很难过，也意识到这是一个严重的问题。她是在抚养未来的丈夫，他们需要知道在妻子生日的时候怎样宠爱她们。于是，她让孩子们坐下，告诉他们，忘记她的生日让她感觉很受伤。她跟儿子们谈了女性需要被怎样对待，并且针对以后的生日、母亲节和圣诞节可以做些什么给他们提了一些建议。第二年，她以幽默的方式提醒儿子们："嘿，十天之后是什么日子？"她还给他们列了一长串的备选礼物表。这项基本的生存技能将来会对他们有所帮助。

我们很多人会替孩子买好礼物送人。孩子进入青春期后，我们必须开始把这个责任交给他们。给他们列一张需要记住的重大日期单，把他们祖父母的生日也放进去。帮助他们开始攒钱，以便购买礼物或贺卡。给他们提供购买礼物或卡片的建议，但让他们自己去买，并邮寄出去。如果他们在离家之前学会了这一点，今后就更有可能继续这样做，这对他们来说会是一种自然而然的责任，无论是单身还是进入婚姻生活，这都会对他们有所帮助。当他们离开家门去上大学时，给他们一张卡片或日历，标记出重要人物的生日、地址和电子邮箱。第一年要做好提醒他们的准备。但是不要替他们做这些事。

（7）教给他们一些基本的医疗知识

我需要去看医生吗？我是真的病了还是只是累了？这种症状该吃什么药？我能吃室友的药吗？这些问题很难回答，并且会让千里之外的父母感到很沮丧。现在开始，教你的孩子一些基本的急救知识。为他准备一个急救包，里面放上用于治疗感冒的泰诺或布洛芬、奈奎尔或是其他类似的药品，用来对抗割伤的抗生素软膏、抑制过敏的抗组胺剂、对付咬伤的可的松软膏、治疗胃病的佩托比斯摩，另外还要备上一支体温计、一个冰袋和足量的创可贴。提醒他不要乱吃朋友的处方药。确保他知道什么时候该吃哪种药。

告诉你的孩子，在不确定自己的症状时，一定要去校医院看看。

（8）教他们管理自己的财务

我们在"烫手话题"那一章里已经讨论过这个问题，但这里有必要再提一下，因为如果父母没有教给孩子处理这个问题的技巧，金钱可能会成为严重的祸源。

迪·韦斯特是一名学生，他有两件自称价值 2 500 美元的 T 恤。这两件 T 恤是他刚进校时在校园中心申请信用卡时获得的免费礼品。不到一年的时间，他就欠了 2 500 美元的账单无法偿还。后来,他被迫休学一个学期,得想办法筹钱来支付信用卡账单。现在,距离他还清全部欠款已经过去两年了。

一项全国调查显示,55%~70%的大学生拥有至少一张信用卡。而在这些学生中,$\frac{1}{3}$~$\frac{1}{2}$的学生无法按月足额还款。在如今的校园里,想要逃避信用卡的诱惑几乎是不可能的。新生礼品包里、公告栏里和邮件里都能轻易地找到信用卡申请表。明智的家长会在孩子离家之前就确定好他们的信用卡制度。任何一张信用卡都应该在还款日到来之前足额还清。

在孩子离家之前,可以起草一份预算建议,写清哪些费用由他支付,哪些由你们支付。比方说,谁负责他的电话费?我们家的制度是,除了打给家人的电话之外,其他的电话费都由孩子自己支付。我负责支付他们打回家或是打给他们的兄弟姐妹及祖父母的电话费。我想鼓励他们维系与家人的感情,由我支付这些费用可以让他们更容易给兄弟或是姐妹打电话。在你处理这些问题的时候,坚持让你的孩子写下每一学期每一分钱的去处。如果能给他提供一个记账本,并且做一个预期花费的列表,会更有帮助。

当你的儿子看到这一个学期花在宵夜披萨上的钱有多少时,可能会非常惊讶。你的女儿可能想不到她的电话费竟然这么高。等他们放假回到家里,跟他们一起翻看这些费用记录，为第二学期的花销做些调整。要制订计划。在第一年里，任何一笔大的花销都要让孩子提前跟你们商量。孩子的花费会跟预算有所出入。你会遇到之前未曾预料到的花销，所以要提前做好打算。

（9）教他们自己做预约并如期赴约

“某某太太，你的儿子应该今天来洗牙的，但他到现在都没来。我们想问问他在哪里。”你的电话答录机上重复播放着这段留言。

你重重地叹了口气，瘫倒在椅子上。他又忘记了，我忘了提醒他。我不可能什么事都记得，我还有其他那么多事要操心。而且每次我要帮他预约的时候，好像都是在干涉他的生活，他就会不高兴。我该怎么办？

哟，快停下来吧。你为什么要帮他预约？这是他离开家门、独立生活之前必须具备的生存技能。进入高二，他就应当自己预约牙医、其他医生或是类似的事情。当然，他需要跟你商量日期，安排好车子，但这都是他自己应当做的事。如果不能赴约却未能提前24小时取消预约的话，很多医生是要收取一定费用的。如果他忘记的话，那么就应当由他自己支付这笔费用。（好吧，如果他一向很守信，只是这一次忘了的话，那么就宽恕他一回，帮他支付这笔费用，但仅限这一回。）

同大多数生存技能一样，这里面也涉及一个更大的问题，那就是时间管理。你的孩子最了解他自己的作息，所以他必须学习怎样把必要的预约安排进他繁忙的生活中。如果你替他做的话，当他离开家门独立生活时，他会更难以掌控自己的生活。

教他如何使用信息黄页。当然，他能够通过查号台来获取信息，但这会造成额外的费用。最好的吉他修理店在哪里？最便宜的软件在哪里买？汽车修理厂在哪儿？在哪家银行开户最能满足他的需求？让你的孩子从高中起就开始做这些必要的调查。复杂的社会里有很多这样琐碎的事情，会很烦人。如果你的孩子在高中阶段就学会如何处理这些事情的话，他就会对现实生活有一个更加清醒的认识，在离开家门之后更容易适应社会。

(10)教给他们一些基本的汽车修理技术

在汽车修理方面，约翰和我都不太灵光。虽然我父亲在允许我考驾照之前，曾经让我换过两回轮胎，但我现在仍然搞不清电池的哪头是正极，哪头是负极。约翰也只不过比我稍好一点，但感谢上帝，我们有杰瑞！杰瑞是我们的朋友，也是我们的邻居，精通跟汽车有关的一切知识。我们的儿子进入青春期后，约翰请杰瑞教他们一些基本的汽修知识。杰瑞给他们演示怎样检查皮带、何时更换软管，何时填满水箱，以及其他的很多知识。

基本的汽修知识是所有孩子都需要掌握的生存技能，无论男孩还是女孩，即使他们还没有属于自己的汽车。但他们总有一天会拥有自己的车，而且偶尔还会开着朋友的车在校园驰骋。

在他们离开家门之前，需要知道怎样检查并补充汽油和其他液体、怎样更换轮胎、怎样给电瓶充电，除了自动挡的车之外，他们也需要学会开手动挡的车（发生紧急情况时，这两类车都有可能需要驾驶），怎样发现磨损不均的轮胎，以及怎样进行其他一些基本的修理。

此外，要确保你的孩子知道你的车险范围，何时以及怎样把你的汽车送去检查。下一次检查的时候，让他把你的车送去。向他解释如果发生交通事故，应该怎么做。提醒他，如果他借用别人的车，归还前应当清洗干净并把油箱加满。

（11）教会他们基本的饮食安排

我们的儿子克里斯去读大学的时候带了一个电饭煲和一份密集的时间表。第一个学期，他报名参加了太多的活动，睡眠太少，仅靠米饭和三明治过活；圣诞节回家的时候，我们发现他患上了单核细胞增多症。这是营养和时间管理方面的一个惨痛教训。

对良好饮食习惯的理解始于家庭。随着饮食紊乱现象的不断增多，对营养知识的了解显得尤为重要。鼓励你们的孩子所在的中学把营养学纳入健康课程。让你的孩子尝试写一篇关于营养学的文章。如果你们是在家里授课，那么可以给孩子讲一堂关于营养学基本知识的课。以身作则，养成良好的饮食习惯。给每个孩子一本简单的烹饪书，给每两个孩子安排一天，让他们做晚餐。提前几天通知他们，好让他们进行准备。让他们安排菜肴并亲自购买食材。告诉他们如何从报刊上剪下优惠券来省钱。即使他们做的饭不合你的胃口，也要给予他们赞扬。

当我们全家外出度假时，我们会分配好做饭和打扫卫生的任务。这是我能喘口气的唯一办法！后来，这个传统演变成了家庭烹饪比赛。每天晚上都会由不同的两个人组成一队，给全家人做饭。他们自己设计菜谱，购买食材，做饭并洗碗。我负责支付食物所需的费用。这么多年过来了，孩子们有了各自的拿手菜。今年夏天，克里斯和他的妻子克里斯蒂为我们做了蟹肉糕、鲜玉米和一种异域风情的沙拉。从大学时的米饭和三明治发展到现在的精致佳肴，他这一路可没少走！

读到这里，你要么会觉得自己教育孩子的方法还不错，要么会产生一些恐慌。我的儿子已经高三了，我得在这一年的时间里教他这么多东西！这样做无疑会让你和他的生活都痛苦不堪。这里就需要我们进行平衡。你不必在孩子离开家门之前让他变得十分完美，但如果一直以来你都是采取大包大揽的做法，那么就必须从现在开始放手，把更多的事情交给他自己去做。

最近有一天，我跟我的朋友芭芭拉出去走了走。她儿子马上就要读高三了。突然间，她意识到，要把所有的事情都教给孩子，剩下的时间可不多了。

“苏珊，”她说，“我觉得我一直在逼他。我是如此的要求完美，想要确保他在离开家之前掌握所需要的一切知识。他还有那么多的事情做不好。但我感觉他有点怨恨我。我们的关系不太好。”

“你已经把儿子教育得很好了，”我回答说，“他是个正直的好孩子。最后这一年的时间，别再试图逼他尽善尽美了。相反，你应该享受跟他在一起的时间。还要不时地告诉他，你欣赏他身上的哪些优点。每星期抽点时间跟他在一起，但不要安排特定的活动，只是跟他一起玩玩，比方说散散步，或是去吃点冰激凌。他可能不会回应你，因为他会怀疑你这样做有什么目的，但是要坚持这样做，慢慢地，他就会软化，那么你就可以利用这最后的一年时间跟他建立起友谊，而不是试图让他更完美。”

那么，你是什么情况呢？你是否做好了让孩子离开家门的准备？

心情愉悦的时候，你会舍不得他离开。心情糟糕的时候，你又巴不得他赶紧走！

你会在不同的情绪之间游走，他也一样。这是正常的。但你得花点时间让自己做好准备，特别是对于当妈妈的人来说。

聪明的妈妈会在孩子离开家之前，就开始规划自己在孩子走后的生活。可以去报个学习班，重返校园，或是开创全新的事业。如果你一直是全职妈妈，这一点尤其重要。如果你能找些有意义的事情来填充孩子走后的时间，对你和你的孩子来说，都会更容易一些。这样你就不大可能走向“过度教养”的极端。

重要的是，做爸爸的要鼓励妈妈开拓新的天地。她的天赋和才华可能已经被搁置了太长时间。在她寻找新的关注点的过程中，需要得到积极的鼓励。要知道，孩子的离开对妈妈造成的影响会比爸爸更大。变化会给婚姻带来冲突。在这样的变化发生之前，要同你的配偶谈谈，与对方分享你们的希望与恐惧。找几样具体的事情来做，让彼此在这段时间里更加亲密。明确的计划能够使你们不至于在这个新时期里逐渐疏远对方。

我们的儿子确实骑车横穿了美利坚。克里斯、罗伯和内特从位于俄勒冈的太平洋加农炮海滩出发。约翰在堪萨斯与他们会合，出发60天之后，他们做了一面巨大的海报，让家人、朋友甚至是媒体看到了他们被晒伤的疲惫瘦削的身躯，并最终抵达了大西洋的弗吉尼亚海滩。

在这不可思议的两个月的探险中，他们生过病，遇到过事故，接受过陌生人的善意，遇到了各地有趣的人，精神上得到了成长，当然，也上了一堂生存技能方面的高级课程。

对于我来说，这个放手的夏天十分煎熬。对于家长来说，放手从来就不是一件容易的事。

但是等等！放手也会带来快乐！我们看到，孩子毕竟学会了一些生存技能。他们的自信得以增长并且取得了一些新的成绩。是的，他们会遭遇挫败，但都挺过来了。

后记 又到窗边

那一天，我又一次站在窗边，看到苏茜和莉比彼此拥抱，泪流满面。

我们总共20个人一起过了一个美妙的复活节周末。孩子们从学校带了一些朋友回来过节，他们大多数都是新生，正在经历头一次远离家门的生活。我们在自家的农场办了一个很棒的睡衣派对，我们在吉他的伴奏中一起唱歌，分享这一年在学校里学到的课程，在老旧的门廊上尽情起舞。我们周日还一同去教堂做了礼拜，在我们家的前院里吃了一顿正规的复活节大餐！

但是又到了离开的时候，离别总是如此令人伤感。今年是我的这对双胞胎女儿生平第一次分开，而团聚的时光又是那么的美好。但美好的时刻总要结束，她们不得不与对方道别，任凭泪水在脸颊肆意流淌。

看着这两个姑娘，我的眼睛也湿润了。这既是快乐的泪水，也是忧伤的泪水。快乐的是，我的孩子们深爱对方，这是属于青少年的美好时期。忧伤的是，我的“宝贝们”就要离开了。我的巢又要空了，虽然这只是暂时的。我知道，他们会再次回来，并且带回来更多的朋友和脏衣服。但这却是一个新时期的开始。

一个全新的时期。一个在更大程度上对孩子们放手的时期，一个一次又一次地意识到我无法为他们“搞定一切”的时期，一个充满了分手与重新开始的时期，一个出现四个孩子同时恋爱状况的时期，一个让约翰和我拥有更多二人世界时间的时期，一个学习以全新的方式与自己相处的时期。

此时此刻，我正站在窗边，等待着我的孙子孙女们。我渴望看到他们甩着小脚丫跌跌撞撞地跑过来，听到他们呼喊“爷爷奶奶，我们来啦”！

多么令人心醉的快乐。

感谢我的丈夫约翰

和我们的五位宝贝与老师

艾莉森与威尔

约翰与阿莱西娅

克里斯与克里斯蒂

苏茜

莉比

一并感谢我们家的两位新宝贝

斯科特

麦克林